洋経済

週刊東洋経済eビジネス新書　No.359

テスラの実力

本書は、東洋経済新報社刊『週刊東洋経済』２０２０年１０月１０日号より抜粋、加筆修正のうえ制作しています。情報は底本編集当時のものです。（標準読了時間　９０分）

テスラの実力　目次

黒字を確保し攻勢をかける！

テスラの稼ぐ力は本物か

２０２０年７月、自動車業界に衝撃が走った。２００３年設立の電気自動車（ＥＶ）ベンチャー、米テスラの時価総額が、長らく業界首位に君臨してきたトヨタ自動車のそれを上回ったのだ。

その後も株価は上昇を続け、８月末には時価総額が４５００億ドルを突破、瞬く間にトヨタの２倍以上に膨れ上がった。９月以降に約２割下がったが、いまだにトヨタと独フォルクスワーゲン（ＶＷ）、米ゼネラル・モーターズ（ＧＭ）の３社合計時価総額を上回る。

テスラの時価総額は、通常の株価理論ではまったく説明がつかない水準にある。２０１９年の世界販売台数が１０００万台を超えるトヨタやＶＷに対して、テスラは

37万台弱とわずか29分の1。前期の当期純損益は赤字で、世界大手の自動車メーカーにまったく太刀打ちできていない。

それでも株式市場から高い評価を得ているのは、「テスラがCASE時代の新たなリーダーになる」という期待感からだ。

テック企業として評価

自動車業界は100年に1度の大変革期を迎えている。核になるのはCASE（コネクテッド、自動運転、シェアリング、電動化）時代に向けた事業構造の確立であり、テスラは最先端にいる。

「テスラはテック企業的な評価を受けているので、トヨタとの販売台数の差を議論してもあまり意味がない」（ナカニシ自動車産業リサーチの中西孝樹アナリスト）。自動車メーカーという物差しでは測りきれないのだ。

では、何がテック企業的なのか。その1つがOTA（オーバー・ザ・エア）という、通信によってソフトウェアをアップデートする技術だ。一部の機能は発売後に有料で提供する。これまでも自動運転や、駐車場にある車を自分のところに呼び寄せるといった機能が追加されてきた。

開発の思想も既存のメーカーとは異なる。自動車業界では常識外れとされた、ノートパソコンで使われる汎用タイプの電池を管理技術で使いこなし、自動運転機能の頭脳となる半導体まで自前で開発する。販売もディーラーに頼らないインターネット直販が基本だ。

そうした先進性はすでに知られており、この数年の時価総額がGMやホンダに匹敵するほどの高い評価をされていた。2020年に入って株価が急伸した理由は、安定的な黒字化が見えてきたことだ。

大衆市場に照準を定めた中級セダン「モデル3」の量産が軌道に乗り、20年1〜6月期の当期純損益は黒字を達成。コロナ禍でほかの自動車メーカーが売上高を3〜4割落とす中、中国での販売が好調なことから、20年1〜3月期は39%増収、4〜6月期は5%減収にとどめた。なお四半期ベースでは19年7〜9月期から4期連続の黒字で、２０年は初の通年での黒字化が視野に入る。

テスラの株価には、バブル的な要素があるのも間違いない。世界的なカネ余り、米国におけるロビンフッダーと呼ばれるギャンブル感覚の個人投資家の存在、テスラ株のＳ＆Ｐ５００銘柄への採用をにらんだ先回り買いなどが株価を押し上げているとみられる。

評価される理由 ▶ 1 黒字化が見えてきた

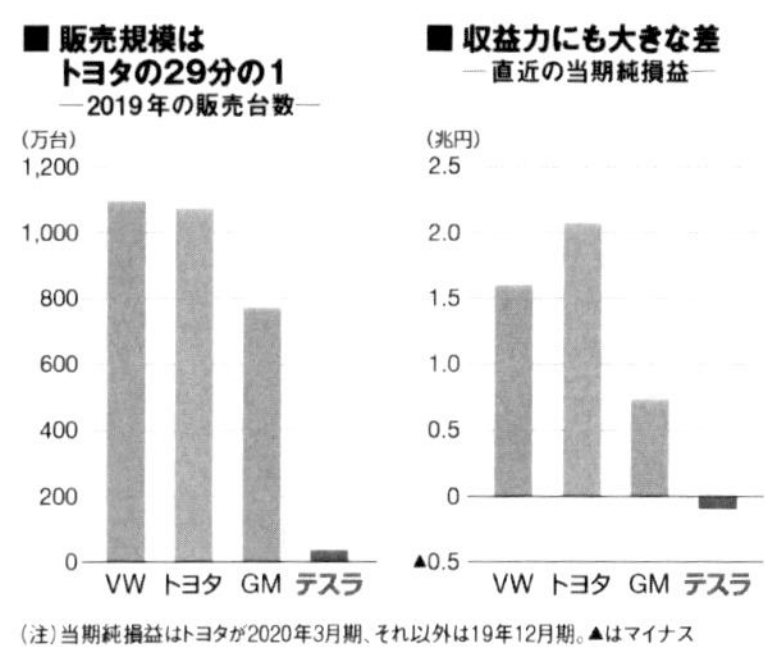

(注)当期純損益はトヨタが2020年3月期、それ以外は19年12月期。▲はマイナス

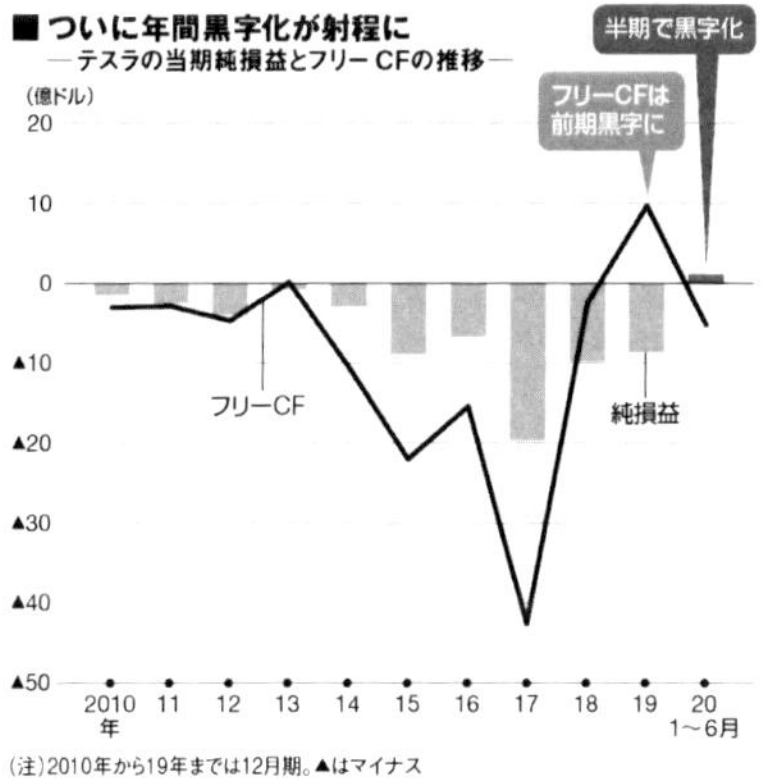

(注)2010年から19年までは12月期。▲はマイナス

累計調達額は1・9兆円

だが、高い時価総額は、それ自体が大きな力になる。20年9月1日、テスラは最大50億ドルの増資計画を発表した。今は、わずか1％強の株を売るだけで、日本円で5300億円もの巨額を調達できる。

成長期待や高い株価を背景にした資金調達力はテスラの生命線だ。創業以来赤字が続く中でも、多い年には40億ドル規模の設備投資を行っており、その資金の大半は株式で調達してきた。公募増資、トヨタ、パナソニック、独ダイムラーなど大企業による増資、さらには大富豪であるイーロン・マスクCEO本人の資本注入もあった。転換社債も含めた株式による累計調達額は約180億ドル（約1・9兆円）に上る。

EVについては、「構造が単純なため、新規参入が容易」「自動車がパソコン化する」といわれてきた。これは一面では正しい。テスラ以外のEVベンチャーも数多くあった。しかし、参入できることと事業を継続できることは別問題だ。

エンジンがモーターに置き換わることでパワートレイン（駆動部分）はシンプルになる。一方、現在は自動運転機能などで開発費がかさむ。量産のために金型や原材料を手当てして工場や熟練労働者も用意すれば、投資は１００億円単位で膨らむ。

市場投入までこぎ着けても、パソコンよりはるかに値が張り、命を預ける製品である。ポッと出のベンチャーが造ったＥＶが売れるとは限らない。デザインや性能のカタログ値で運よく人気を集めても、次は量産の関門が待つ。しかも実際に販売するまで収入はない。

テスラと同時期に創業したＥＶベンチャーは大半が倒産した。最近でも中国のＥＶベンチャー・バイトンが経営難に陥っている。死の谷を渡りきったのは、今のところテスラだけだ。

テスラは２００６年に「マスタープラン」を公開している。まず高級車を販売して資金を得て、より安価な車を量産してＥＶの普及を図っていく事業計画だ。

２００６年に発売した高級スポーツカー「ロードスター」では、英ロータスの車体を流用し、委託生産で投資を極力抑えた。流麗なスタイルと走行性能が受け入れられ、一定の知名度と資金を得ると、1000万円級の高級セダン「モデルS」に挑む。ここではテスラに出資したトヨタのGMとの米国合弁工場を買い取って量産に踏み出した。

モデルSで稼いだ資金と、その評価で得た資金を500万円級のモデル3につなげる。人気のSUVモデルも投入して存在感をアップさせる。ここまではまさにマスタープランどおりだ。

ただし、いかに戦略が的確でも、実行して成果が伴わなければ絵に描いた餅。テスラが驚異的なのは、出したモデルが着実にヒットしていることだ。それを支えているのが、熱狂的なファンである。

その一端は貸借対照表にある「Customer Deposits」という項目からうかがえる。文字どおり顧客からの予約金で、19年12月末時点で7・2億ドル（約770億円）計上されている。

評価される理由▶2 熱狂的なファンが多い

■ 先行予約で金が集まる —予約金の推移—

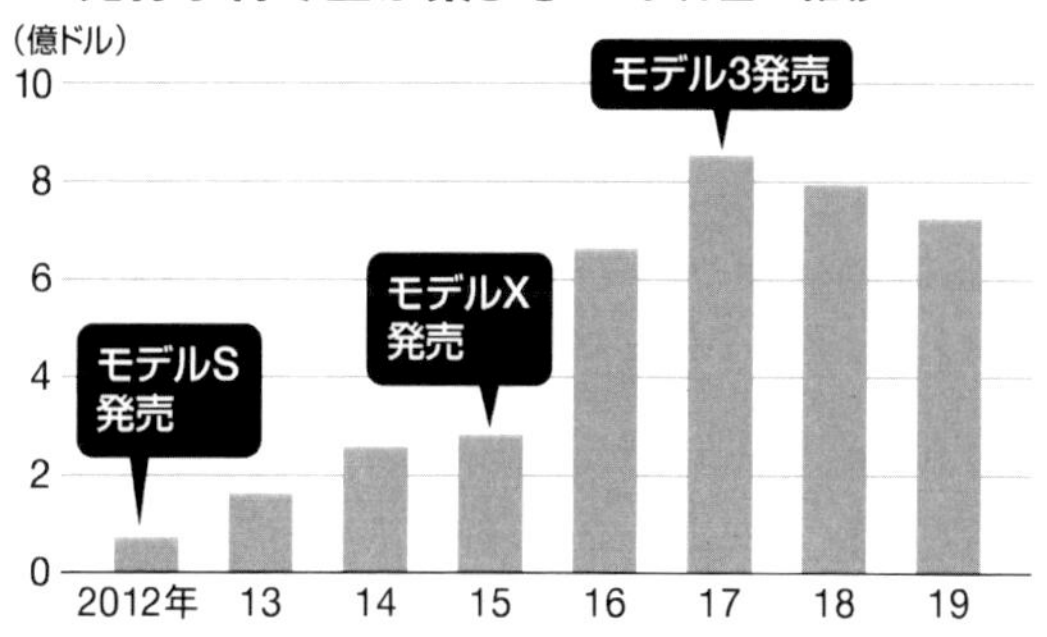

(注)各12月期、発売年は米国

既存メーカーでも限定車などで予約金を取ることはあるが、レアケースだ。一方、テスラは予約金制度（モデルにより異なるが、モデル3なら1000ドル）を導入しており、新モデルの発表直後などには数年後の納入でも予約が殺到する。キャンセル可能とはいえ、予約金を払ってでもテスラ車に乗りたい消費者が大勢いるということだ。これによって生産計画が立てやすくなり、資金繰りも改善する。

もう1つ、テスラの追い風になってきたのが世界的な環境政策だ。環境に優しいとされるEVに対して、多くの国や自治体が補助金を用意しており、恩恵を受けてきた。加えて、米カリフォルニア州などは走行時に排ガスを出さない車（ZEV）を一定台数販売する義務を自動車メーカーに課している。規定台数に達しない会社は罰金を払うか、余分にZEVを販売した企業から排出権（クレジット）を購入しなければならない。

中国や欧州でも似た制度が導入されており、EV専業のテスラはこのクレジット販売で稼ぎまくっている。20年4～6月期のクレジット収入は4・2億ドル。黒字化への大きな力となった。

評価される理由 ▶ 3 環境規制が追い風に

■ クレジット収入がなければ2020年も赤字
―クレジット収入とそれを除いた四半期営業損益―

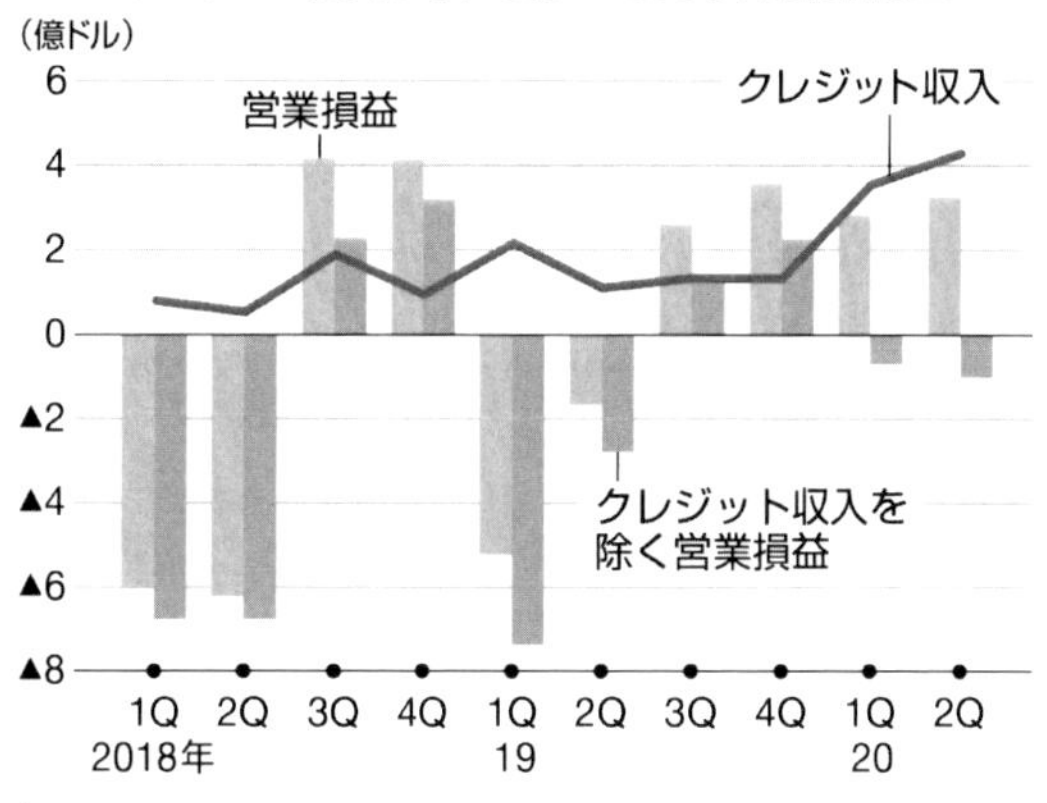

(注)▲はマイナス

普及価格帯に殴り込み

「3年以内に2・5万ドル（260万円）のEVを実現できる。それも完全自動運転機能付きでだ」

20年9月22日に開催された電池技術の発表会「バッテリーデー」で、マスク氏はそう宣言した。電池のコストを半分にする技術について説明。それらを導入して3年後に新たな電池の量産体制を整えることも発表した。

これはニッチなプレミアム市場のプレーヤーだったテスラが、本格的にボリュームゾーンへ攻め込むことを意味する。同時に、EVのキーデバイスである電池をもテスラが牛耳る未来像を示した。

ところが、当日と翌日の2日で株価は15%落ち込んだ。過剰な期待を織り込んだ市場を満足させるのに十分な内容ではなかったのだ。このことはテスラが置かれた難しい立場を象徴している。これまでは将来のビジョンと革新性を示せば評価されたが、これからは実際に収益を上げることを求められる。4000億ドル近い時価総額を正当化するのは並大抵ではない。

株式市場がテック企業として評価していたとしても、プラットフォームやデータで稼ぐ、乗数的に収益を増やす明確な道筋は示されていない。収益拡大にはＥＶ販売を積み上げる必要がある。

米国に続き、１９年１２月末には中国上海工場が稼働。２０年夏には独ベルリン工場も竣工する。そうなれば年間の生産能力は１００万台に達する。逆にいえば、それでもまだ１００万台でしかない。

販売台数増のために廉価モデルを増やしていけば、平均単価とともに1台当たりの利益額も低下が避けられない。熱狂的なファン以外にも顧客層が広がっていくため、性能や品質に対する消費者の視線も厳しくなっていくはずだ。

ＥＶ市場は競争が激化し、米中対立の下での中国生産拡大には危うさもある。環境政策の追い風は、政治次第で弱まる可能性がある。リスクを挙げれば切りがない。

ただ、どんなリスクもテスラなら、いやマスク氏なら乗り越えてしまうと思わされるのも事実だ。

決済サービスの米ペイパル創業者の一人にして億万長者。創業CEOを務める宇宙ベンチャー・スペースXではロケットの打ち上げに成功。戻ってきたロケットを垂直に着陸させてみせた。

テスラでは、苦戦したモデル3の米国での量産を陣頭指揮で突破。自動車生産で外資は現地企業との合弁しか認めてこなかった中国政府に、独資による進出を認めさせた。18年にはツイッターで株式の非上場化を示唆する事件も起こしたが、ほかの経営者なら失脚するスキャンダルが彼にとっては致命傷にならない。

マスク氏の掲げるビジョンは「人類全体の持続可能性」。スペースXは地球だけにとどまらない未来のため。テスラは持続可能なエネルギー社会をつくるため。EVはそのピースの1つにすぎない。

そうした壮大なビジョンに引き寄せられ、「マスク氏の下で働きたいと優秀な人材が集まってくる。他社で5年かかることが、テスラなら1年半で実現できる」(元テスラ幹部のカート・ケルティー氏)。

時価総額だけでなく収益力でもテスラがトヨタを超える日は来るのだろうか。

(山田雄大)

わずか11カ月で巨大工場を稼働

EVの本場・中国も席巻

みずほ銀行法人推進部　主任研究員・湯　進

国策としてEVなど新エネルギー車（NEV）の普及を進めたことから、ガソリン車だけでなくEVでも世界最大の市場となった中国。ただ、補助金の減額や新型コロナウイルスの影響で、2020年1～8月のNEVの販売台数は前年同期比26％減の59・6万台となった。

ところが、そんな状況下でも躍進しているのが米テスラだ。同時期の「モデル3」の販売台数は、6万8579台（19年1～8月は1万4439台）と車種別でトップに立った。EV全体の販売台数でも、これまで上位を占めてきたBYDや北京汽車を抜いた。

テスラが中国で販売を伸ばしているのは、巨大工場「ギガファクトリー（GF）3」が稼働し、供給能力が増えたことが理由だ。そしてGF3の建設には政府の手厚い支援があった。テスラは2017年から現地生産するための交渉を中国政府と進めてきたが、当初は困難を極めた。外資企業による中国での自動車生産を、地場企業との「合弁」でのみ認める政府の産業政策に対し、テスラが「独資」にこだわったことが一因だった。

しかし18年6月、中国政府は大胆な市場開放政策を打ち出し、EV市場における外資の出資制限を撤廃した。これを受けてテスラはGF3を独資で上海に建設した。

驚くのはその建設スピードだ。19年1月の着工から11カ月で生産を開始した。短期間で操業できたのは、上海市の支援によるものとみられている。新型コロナの影響で操業を停止した際も、GF3がある上海臨港新区の幹部が派遣され、中国自動車業界で最も早い2月10日に操業を再開できた。

■モデル3の販売が頭一つ抜けている
—中国の車種別NEV販売台数ランキング—

順位	車種名	メーカー名（国）	2020年1〜8月販売台数（台）	シェア（%）
1	モデル3	テスラ	68,579	14.0
2	秦EV	BYD	26,425	5.4
3	Aion S	広州汽車	25,967	5.3
4	ES6	NIO	17,161	3.5
5	宝駿	上海GM五菱	17,062	3.5
6	eQ	奇瑞汽車	16,151	3.3
7	ORA R1	長城汽車	15,891	3.2
8	5シリーズ	BMW	15,017	3.1
9	理想ONE	理想汽車	14,656	3.0
10	EUシリーズ	北京汽車	14,273	2.9

（出所）中国乗用車市場信息聯席会

狙いはEV産業の育成

テスラは地場メーカーにとって、非常に怖い存在だ。テスラの急成長は「中国政府にとって誤算」という声も聞こえてくるが、実際は政府の想定内だった。

では、なぜ政府はテスラを支援するのか。1つは地場メーカーに危機感を与えること。もう1つはテスラがEVの設計・製造の現地化を進めることによって、中国内にEVのサプライチェーンが構築されることだ。それを地場メーカーの技術向上や部品産業の育成につなげ、低価格・高品質のEV生産を実現する狙いがある。中国政府にとっては、米アップルのiPhoneへの部品供給を通じて地場メーカーが成長し、今や世界最大のスマートフォン生産拠点になったことがよい手本といえる。

テスラにとっても、部品の現地調達率の引き上げは不可欠だ。上海市と結んだ契約では、2023年から年間23億元（約360億円）納税する必要がある。中国で360億円を払ったうえで利益を出すためには、少なくとも20万台を販売する必要があると推察される。

テスラは部品の現地調達率を現在の50%から20年末までに100%に引き上げることで、さらなるコストダウンを図ろうとしている。筆者の試算によると、それが実現できた場合、粗利益率25%を維持する前提で、車両価格を現在より1割削減できる。

米国製モデル3はパナソニック製の電池を搭載しているが、GF3では20年9月から、中国最大手の電池メーカー、寧徳時代新能源科技股（CATL）製電池を搭載する廉価版モデル3の生産が始まった。EV補助金控除後で、従来の4万ドルから3・5万ドル（約370万円）を切る価格になると報道され、業界内に波紋が広がった。「中国の消費者の手が届くマイカーをつくる」とイーロン・マスクCEOは語っている。

中国政府は20年前半の市場の落ち込みを受け、20年末に終了予定だったNEVの補助金政策を2年間延長すると決定。地方政府もNEVに買い替えるための補助金支給を打ち出した。これにより20年通年のNEV販売台数は前年比8%減の110万台にとどまると見込まれる一方、競争も激化する。

2021年はSUVを投入

モデル3の好調な販売に伴って認知度を高めているテスラは、さらに攻勢をかける。2021年3月にはGF3で生産するスポーツ用多目的車（SUV）の「モデルY」を投入する予定だ。

これに対し、ライバルも手をこまぬいてはいない。独フォルクスワーゲン（VW）は2020年40億ユーロ（約4600億円）を中国市場に投資し、世界初の「MEB（EV専用プラットホーム）」をベースにした高級EV「ID・3」を生産する。独BMWも20年、同社初のEV仕様のSUV「iX3」を中国で生産。長城汽車との合弁会社では、小型高級ブランド「MINI」のEVを発売する。独ダイムラーは吉利汽車と合弁で22年に小型高級車ブランド「スマート」のEVを中国で生産する。

日本勢では、トヨタ自動車が4月以降、同社初の中国産EV「C-HR」「イゾア」、レクサスブランド初のEV量産車「UX300e」を販売している。天津と広州でNEVの工場建設を開始し、中国でのNEV生産能力を22年に72万台に引き上げる。

ただし、テスラの優位は揺らぎそうにない。中国での20年の販売台数は、モデル3の牽引により12万台を超える見通しだ。モデルYの販売が軌道に乗れば、21年は30万台も視野に入る。生産規模を拡大することによってスケールメリットが生まれ、テスラには車両価格を下げる余地が生まれる。

そうなると、価格の安さを武器にする地場メーカーにとっても脅威になる。BYDなどの大手や「中国版テスラ」といわれるNIOなどの新興EVメーカーは、テスラに劣らないEVの開発を迫られる。中国EV市場では、テスラが独走する時代を迎えつつある。

湯 進（たん・じん）
2008年みずほ銀行入行。現在は中国自動車メーカーとのネットワークを活用し、日本企業の中国ビジネスを支援している。著書に『2030 中国自動車強国への戦略』など。

分解でわかったEV設計思想

ＥＶを代表する存在となった米テスラの乗用車「モデル３」。その設計思想や機能には、既存の自動車メーカーの車と比べてどのような独自性があるのだろうか。自動車業界の調査を行うマークラインズの協力を得て、同社が提携する米調査会社のムンロ＆アソシエイツが実施した、モデル３の分解調査データを基にひもといていこう。

モデル３を構成する部品の中でも、独自性が際立っているのが、自動車の頭脳に当たるＥＣＵ（電子制御ユニット）だ。「ＥＣＵの数は車１台当たり６０個以上搭載されているのが一般的だが、モデル３は数個しかない」。日産自動車の技術者として約４０年の経験を持つマークラインズの吉川正敏・執行役員は驚きを隠さない。

テスラ車に限らず、近年では既存メーカーの車にもＥＣＵが搭載されている。ＥＣＵは、各種のセンサーで取得したデータを基に計算、判断した結果を車の作動部品に送信する。そうして、ハンドルの操舵を補助するパワーステアリングやエンジン、エアコンなどをコントロールする役目を担う。

既存の車では、作動させる部品や機能ごとに1つ、ＥＣＵが搭載されており、いわば「分散型」の制御を実施している。さらに、ＥＣＵの設計はデンソーや独ボッシュなどの大手サプライヤーに任せ、そのプログラムは自動車メーカーにとってもブラックボックスだ。

一方で、モデル3のＥＣＵは、既存車とは対極の「集中型」といえる。「オートパイロット」と呼ばれる自動運転システムをつかさどるものを含め、「走る」「曲がる」「止まる」の制御を、わずか数個のＥＣＵが担っているのだ。

テスラがＥＣＵを統合する理由を、吉川氏はこう推測する。「（ＥＣＵを）分散型にすると、それぞれを配線や通信で結ぶことになるため、情報のやり取りのロスが大きくなる。モデル3のようにＥＣＵを統合すればそのロスが減り、情報処理のスピードを上げることができる」。ＥＣＵを動かす電源や配線の数を減らせれば、コスト削減や軽量化にもつながる。

複数の機能を統合した結果、ＥＣＵの大きさは他社と比較して大きい。1個当たりの重量は2倍、コストは3〜4倍。しかも、このＥＣＵをテスラはサプライヤーに任せず自社開発する。基幹部品を内製化して、競争力の源泉にしようという戦略だ。

もっとも、既存メーカーが集中型のＥＣＵを採用しないのには理由がある。前述のように、1台の車に搭載されるＥＣＵは複数のサプライヤーが別々に開発しており、中身はブラックボックス化している。これの統合はハードルが高いのだ。テスラのように内製化に踏み切ることが技術的には可能でも、サプライヤーから仕事を奪うことにつながる。こうしたしがらみにより躊躇する既存メーカーを尻目に、タブーを恐れず自らがよいと考える設計を取り入れられるのがテスラの強みの1つといえる。

その開発スピードは抜きんでている。モデル3に部品を納入する日系サプライヤー幹部は「新車開発のスピードが既存メーカーとはまったく違う」と舌を巻く。既存メーカーの場合、サプライヤーでの部品設計のスタートから量産まで3〜4年かかるのが普通だが、テスラは設計から1年程度での部品納入を求められる。

　ここからわかるのが、テスラと既存メーカーの品質に対する考え方の違いだ。前出の幹部は「従来の発想だと品質をつくり込んでから量産を始めるが、テスラは走りながら考える」と語る。

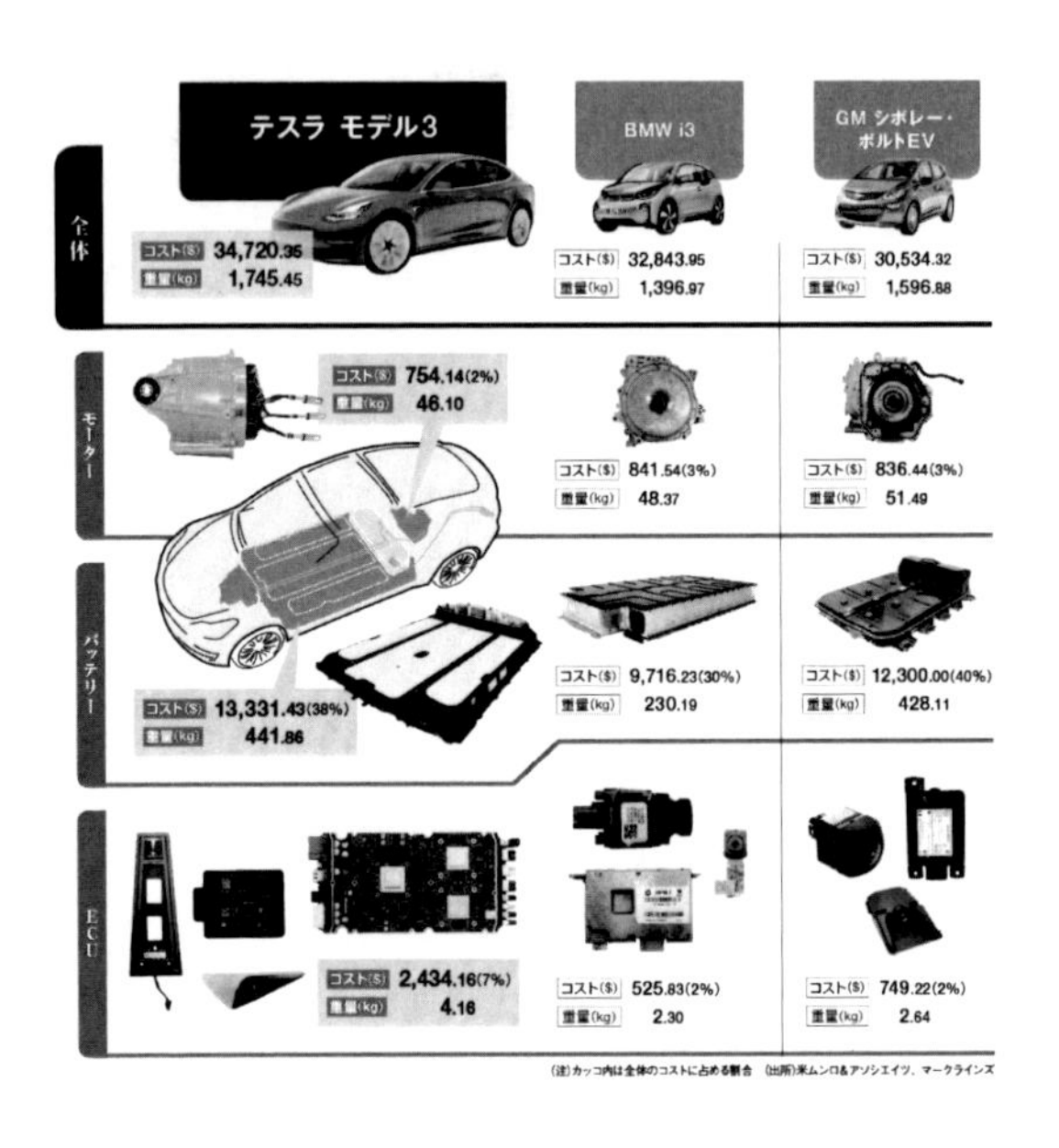

(注)カッコ内は全体のコストに占める割合　(出所)米ムンロ&アソシエイツ、マークラインズ

販売後にアップデート

「走りながら考える」というテスラの思想を象徴するのが、インターネットを通じて車両のソフトウェアをアップデートする、オーバー・ザ・エア（ＯＴＡ）という機能だ。基本ソフトやアプリを更新するスマートフォンと同じように、自動運転や空調の性能、ブレーキ出力などの車のソフトを、順次書き換えていく。

従来は、機能追加や性能改善を図るにはマイナーチェンジやフルモデルチェンジで車自体を刷新し、商品力を高めるほかなかった。テスラでは、販売から時間が経過した車でもハードウェアはそのままに、性能を高め続けることができる。その革新性に引かれて購入するユーザーは多い。

テスラのＯＴＡにおける特徴の１つが、自動運転など車の安全性に関わる機能の更新にまで踏み込んでいる点だ。将来実現をもくろむ完全自動運転に必要なハード部品を車両に事前に実装し、自動運転ソフトの新バージョンを開発し次第、ＯＴＡで順次進化させていく。モデル３には８個のカメラ、１個のミリ波レーダー、１２個の超音波センサーが実装済みだ。

ＯＴＡはシリコンバレー発のテスラを物語るものとして取り上げられることが多い。ただ、新興メーカーゆえに、そうせざるをえなかった側面もある。既存メーカーは長い歴史の中で、重大な不具合が発生すればその都度、開発段階での試験項目を追加し、問題が再発しないよう努めてきた。対してテスラは知見の蓄積に乏しく、初期不良も多くなる。前出の吉川氏は「結果的に後追いで問題に対処せざるをえなかった。アップデートの考え方が最初からあったわけではないのでは」と推測する。

近年では、テスラに触発されてＯＴＡを可能にした車も増えてきた。だが大半は、カーナビ地図の更新などに限定される。

その理由についてある日系メーカーの技術者は「技術的にできないのでなく、将来的には走行制御のＯＴＡに対応することも視野に入っている。ただ、ルール整備が追いついておらず、慎重にならざるをえない」と語る。

ソフトウェアだけで機能を更新するのにも限界がある。イーロン・マスクＣＥＯは９月２２日の発表会で、「完全自動運転ソフトのベータ版が数カ月で利用可能になるだろう」と宣言した。だが現状のハードには、完全自動運転に必須とされるＬｉＤＡＲ（ライダー）と呼ばれるセンサーが装備されていない。本当に完全自動運転を実現できるのか、業界内では疑問視する声が根強い。

中国地場メーカーを採用

サプライチェーンに特徴はあるのか。モデル３は現在、北米と中国で生産されているが、部品の調達先は大きく異なる。テスラはＥＣＵや駆動用モーターなど基幹部品の一部を独自開発する一方、北米のモデル３のサプライヤーリストを見ると、ドイツのボッシュやコンチネンタル、フランスのヴァレオ、フォルシアといった欧米系メガサプライヤーの名前がずらりと並ぶ。

■日本勢の存在感は大きくない
―テスラ・モデル3の主な部品サプライヤー―

部品名	サプライヤー名(国)
リチウムイオン電池セル	パナソニック(日)、LG化学(韓)
バーチャルインストメーター	ジャパンディスプレイ(日)、エヌビディア(米)
リアベアリングハウジングなど	日本精工(日)
HVACブロアモーター	シナノケンシ(日)
ウィンドーガラス	AGC(日)
15インチタッチスクリーンディスプレー	LGディスプレイ(韓)
駆動モーター	華域汽車電動系統有限公司(中)
ドライバー状態監視システムなど	聯創汽車電子有限公司(中)
ショックアブソーバー	寧波拓普集団股份有限公司(中)
タイヤ空気圧監視システム	上海保隆汽車科技股份有限公司(中)、コンチネンタル(独)
長距離レーダー、エアサスペンション	コンチネンタル(独)
リストレイントコントロールモジュール、電動パワーステアリングシステム	ボッシュ(独)
ミリ波レーダー	ヴァレオ(仏)
グローブボックス、エアベントなど	フォルシア(仏)
タイヤ	ミシュラン(仏)、グッドイヤー・タイヤ・アンド・ラバー・カンパニー(米)
メーター	東風電驅動系統有限公司(中)
リアビューミラー	マグナ・インターナショナル(加)
シートベルト	ジョイソン・セイフティ・システムズ(米)、浙江海利得新材料股份有限公司(中)
エアバッグ	ジョイソン・セイフティ・システムズ(米)、オートリブ(スウェーデン)、寧波均勝電子股份有限公司(中)

(出所)マークラインズ　(注)北米製と中国製のサプライヤー

中国では、欧米系メガサプライヤーの名前はあるものの、中国国有自動車メーカー傘下など地場系サプライヤーの名前が目立っている。北米のモデル3の車両価格が約400万円からであるのに対し、中国では約360万円からと割安だ。コストダウンを実現するために、地場系メーカーからの調達を積極化している。

注目されるのが、安全システム関連などの重要部品でも地場系が採用されていることだ。かつては「安かろう、悪かろう」だった地場系の部品だが、今では欧米系や日系と比べても遜色ない品質レベルにまで向上しているものもある。テスラは中国勢の著しい進歩を適切に評価し、価格競争力と品質の両立を目指しているのだろう。

（岸本桂司）

加速力はポルシェ以上

テスラ「モデル3」の性能と乗り味

モータージャーナリスト・桃田健史

マスマーケットを狙うテスラ「モデル3」。ライバルの日本車としては、日産自動車「リーフ」、バッテリーのみでも60キロメートル走行可能なトヨタ自動車のプラグインハイブリッド車「プリウスPHV」が挙げられる。3車を比較すると、モデル3の特徴が際立つ。

モデル3で運転姿勢を取ると驚く。あまりにもすっきりしているのだ。横一直線に貫くダッシュボードは、実にシンプル。カーナビや車両状況を映し出す15インチモニターは、ややドライバー寄りに配置されており、車内のスイッチの数は最小限。運転以外の操作の大半をタッチパネルで行う。まるでスマートフォンの感覚だ。

これに対して、リーフは普通の車という印象が強い。ダッシュボードには丸形のメーター、センターコンソールにはカーナビなどを映し出す画面がある。主婦がミニバンや軽自動車から乗り換えても、すぐになじむような各種スイッチ類のレイアウトを心がけたという。

プリウスPHVの場合、センターコンソールの縦型11・6インチ画面が強い存在感を示しており、感性、直感、近未来といった雰囲気を演出している。とはいえ、通常形式のスイッチ類も併存しており、モデル3と比べると、普通の車の域を出ていない印象が残る。

すっきり鋭い独特の加速

走行性能はモデル3が圧倒する。モデル3には前後にモーターを積む4輪駆動（4WD）車と、リアモーターのみの後輪駆動車があり、独創性は4WD車で際立つ。

4WD車で走り出してみると、大型電池パックを車体の床部に搭載していることによるずっしり感と、アクセル操作に対するモーターのトルクによる瞬時の立ち上がりが実にEVらしい。最上位グレード「パフォーマンス」は、停止状態から時速100キロメートルに達するまで3・4秒。独ポルシェの旗艦モデルである「911カレラ」（4・2秒）より短く、高級スポーツカー級の俊足だ。強い押し出し感ではなく、すっきりしつつも鋭い加速感がある。

コーナリング中も独特の走り味がある。前後モーターが最適なトルク配分を行うことで、コーナーでは理想のラインをトレースし、ステアリング、アクセル、ブレーキは単なる入力スイッチであるように感じる。人馬一体というより、少し無機質な雰囲気もありながら、すいすいと走る。乗り心地については、一般的なコイルばねとショックアブソーバーを使用しており、カッチリとした印象を持つ。

一方、リーフとプリウスPHVは前輪駆動車のみだ。

リーフの強みは、「eペダル」という4輪制御機能による軽快な走りだ。アクセルを離した状態で、かなり強めの回生ブレーキがかかり、車載バッテリーに充電する。同時に、電動ブースターを通じて4輪のブレーキを制御し、路面が滑りやすい状況でとくに威力を発揮する。日産主催の氷上・雪上試乗会では、減速時はまるで4WD車のような安定した走りで、運転者として安心感が持てた。

日産は、モデル3と同じく前後モーターによるEV向けの4WD制御技術「e－フォース」を21年発売予定の新型EV「アリア」に搭載することを明らかにしている。モデル3との性能差が注目される。

異なる開発の方向性

プリウスPHVのこだわりの1つは、バッテリーのみで走行するEVモード時だ。最高速度は時速135キロメートル、モーター最高出力は53キロワットとほかの2車に劣るが、乗ってみるとカタログの数値ではわからない強力な加速感がある。プリウスPHVの開発担当主査が富士スピードウェイでフル加速させたところ、「かなり速く感じた」というほどの仕上がりだ。

環境面を考慮しつつ、走りの楽しさも追求した。そうした開発陣の思いは、一般路や高速道路で走行していてもしっかりわかる。

なおトヨタは日本ではEVを投入していないが、中国と欧州ではレクサス「UX300e」を販売している。筆者は19年10月にプロトタイプを試乗したが、走りの楽しさを強調する仕上がりで、テスラとは開発の方向性が違うと感じた。

自動運転につながる高度運転支援システムにも触れておこう。

テスラの「オートパイロット」は、米自動車技術者協会の規定では、運転主体がドライバーにあるレベル2（運転支援機能）に相当し、同一車線でハンドル操作と加減速操作を自動的に行う。モデルSなどが搭載していた初代オートパイロットと比べると、白線認識の精度や斜め後方からの接近車両に関する警告の精度が上がり、高速道路走行中の安心感が増した。

テスラの強みである通信でソフトウェアを書き換えるオーバー・ザ・エア（OTA）によって、今後さらに機能が付加されるのは明らか。レベル2でのハンズオフ（手放し運転）や、車のシステムも運転主体になるレベル3についても、実現するハードウェアはすでに搭載されている。

日産の最新システムである「プロパイロット2・0」はレベル2だが、ハンズオフが可能だ。「スカイライン」から搭載され、アリアにも搭載される。リーフはいまだ初期型で、今後のモデルチェンジで2・0への移行が予測される。

トヨタは高度運転支援システムとして、トヨタブランドの車には「トヨタセーフティセンス」を、レクサス車には「レクサスセーフティシステム＋」を搭載している。自動運転に対するスタンスは、乗用目的のオーナー車と公共交通や物流などに使われるサービス車とで違う。レベル2のハンズオフやレベル3の電動乗用車をいち早く市場に送り出す競争意識が弱く、プリウスＰＨＶも完全自動運転を実現する発想で設計されていない。

乱立する充電規格

最後に、モデル3の課題を挙げると2つある。1つは、充電インフラの規格だ。テスラは独自規格の「スーパーチャージャー」を世界各地に設置している。ただ日本では「CHAdeMO（チャデモ）」、中国は「GB／T」、欧米は「CCS」が主流だ。テスラ車をチャデモ、GB／T、CCSで充電するには、それぞれ対応するアダプターが必要で煩わしい。

統一に向けた動きはある。チャデモ協議会は次世代の超急速充電規格「Chaoji（チャオジ）」について中国と共同開発を進めており、2020年に入って、技術的な協議がまとまった。今後はCCS、スーパーチャージャーとのすり合わせが本格化するが、現状でテスラの動きが見えてこない。テスラが独自路線を貫いた場合、充電インフラの使い勝手の悪さが販売拡大のネックになる可能性がある。

もう1つは、本格的な自動運転で必要な車両の情報通信システムだ。日本では、一般道路の交差点では周波数帯域760メガヘルツ、高速道路の合流地点などでは5・

9ギガヘルツを使い、路上の機器と車で狭域通信を行う実証試験が進む。米国の一部や中国などでは、「5G（第5世代移動通信システム）」を使った「セルラーV2X」の早期導入が検討されている。

テスラは自動運転技術について画像認識システムなどを独自開発、V2Xと絡めたビッグデータの活用を検討しているもよう。こうした動きは米インテルやエヌビディアなどの半導体メーカーにもある。

各国の技術や規制に対応しつつ、どこまで独自色を打ち出して自動運転ビッグデータ事業の主導権争いに食い込めるか。それが、テスラのさらなる成長のカギを握る。

桃田健史（ももた・けんじ）

1962年生まれ。日米を拠点に活動し、長年、自動車、IT、エネルギー分野を取材。著書に『EV新時代にトヨタは生き残れるのか』（洋泉社）など。

テスラ車の魅力と課題

「例えるなら、アップルの製品を使っているときのような印象」。テスラ車の所有者は、そろってこう口にした。数あるEVの中で、なぜ新興メーカーのテスラが選ばれ、評価されるのか。人気の秘密を所有者3人に聞いた。

「(CEOのイーロン・マスク氏と会う際の準備として) 実際に試乗してみて、乗り心地が気に入った。家族も翌日一緒に試乗し、すぐに『モデルS』の購入を決めた」と話すのは、デジタルコンテンツを手がけるドワンゴの夏野剛社長 (55) だ。モデルSはテスラの上位車種で、最も安いタイプでも販売価格は800万円以上(税込み)する。夏野氏は2014年の発売直後に購入した。

4人家族で、メルセデス・ベンツのスポーツタイプも所有しているが、モデルSを利用する頻度が圧倒的に高いという。「何といっても、静かなのがいい。子どもたちも同じ理由でテスラのほうを気に入っている」。

テック企業の経営の舵を取る夏野氏ならではの指摘もあった。「自動車は高価な物なのに、長らくテクノロジーで遅れていた。その点、EVの中でもテスラ車は最新の技術をうまく活用できている。他社のEVにはひかれないし、今のところはテスラ1択」。

「5年乗っても飽きない」

夏野氏がとくに評価するのが、テスラのUI（ユーザーインターフェース）とOTA（ネット接続で車載ソフトをアップデートするシステム）だ。

テスラ車は運転席横の大型タッチパネルディスプレーがUI機能を担い、ナビゲーションや走行性の調整などさまざまな設定・操作がこの画面上でできる。「直感的に操作でき、機能をいかに使ってもらうかをよく考えたうえで設計されている。iOS（アップルのオペレーティングシステム）のような使い勝手で、他メーカーとは思想が違うと感じた」。

テスラではオプションに加入すると、OTAで数カ月に一度、車載のソフトが更新され、新機能が追加される。「寝ている間に機能が追加されるのはテスラ車ならでは。だから、購入してからすでに5年以上経過したのに、いまだに乗り飽きない」と夏野氏は話す。

香川県在住で実家に暮らす20代後半のA氏は、つい最近、「モデル3」が納車されたばかりだ。「遊びのつもりで試乗に行ったら、加速や横滑りしない走りの魅力に取りつかれた」。所有していたホンダの「インサイト」を手放し、テスラ車の購入に踏み切った。

電気関係の仕事につくA氏は、イーロン・マスク氏が目指す持続可能な社会に共感しているという。燃料費はガソリン車より安く、オイル交換などがない分、メンテナンス費用も以前の車のときより減った。A氏はモデル3で毎日職場に通っており、「FSD（運転支援機能）を使うと、通勤時の運転がかなり楽」な点も気に入っている。

航続距離に関しては、フル充電した場合、エアコンを使用しても実走行で500キロメートルは走行可能。「自宅で夜間に充電するので、充電にかかる時間はとくに気にならない」。修理についても、テスラと提携するディーラーが無料出張で対応してくれるエリアに自宅があるため、不安は感じていないという。


大型SUV「モデルX」を所有するB氏（26・都内在住）は、教育関連の事業を手がける起業家だ。同じ経営者としてイーロン・マスク氏を尊敬するがゆえに、テスラ車を購入した。「かつてのアップルやペイパルもそうだが、経営者がすごいと、その会社の製品を使いたくなる。あれだけの大きな事業を2つ（＝EVと宇宙ロケット）同時に回して成功しているイーロン・マスクはすごいと思う」。

B氏はOTAにも魅力を感じている。これまで毎年のようにBMWやベンツなどの高級車を乗り換えてきたB氏だが、「ちょっとしたアップデートでもワクワク感があって、モデルXは1年以上乗っても飽きが来ない。20代のうちはこの車に乗り続けるだろう」と話す。

乗り心地の点では、「エンジン音が好きという人もいると思うが、自分はスーッと加速するテスラのほうがいい」。今回話を聞いた3人の中で、唯一故障を経験したB氏。ドアが故障したが、「都内はテスラが提携しているメンテナンスショップも多く、すぐ対応してくれた」という。

充電器のために転居

そのB氏がテスラ車を購入していちばん困ったのが、充電インフラの問題だ。それまで住んでいた賃貸マンションでは、家主の許可が下りず、駐車スペースに充電器を設置できなかった。

仕方なく、設備のある場所に出向いて充電していたが、そうした生活はストレスが大きく、今住んでいる賃貸の戸建てにわざわざ引っ越した。「自分の経験で言うと、賃貸物件で充電器が設置できる家を探すのはかなり大変。正直、今の家は（住居として）気に入っていない部分もあるが、充電器を優先せざるをえなかった」。

　長距離移動の際にも充電インフラの問題は付きまとう。ガソリンスタンドはどこにでもあるが、ＥＶ用の充電ステーションはまだ数が限られる、長距離移動では走行距離を計算して、どこで充電するかを事前に決めておく必要がある。「遠出するたびに毎回、前もって充電計画を考えるのは正直、面倒だなと感じる」（Ｂ氏）。

　一方、Ａ氏は「通勤や街乗りが用途の大半を占めるので、外出時の充電問題はさほど気にならない」とするが、テスラの販売店の現状に気になる点があるという。

「日本のテスラはとても少ない人数で回しているらしく、スタッフが忙しすぎて、連絡の遅れなどが何回かあった」。また、Ａ氏が購入したモデル３は、電池残量が０％（表示が０％でも一定の距離は走行可能）の状態で納車された。今後、販売店のスタッフの数が増え、カスタマーサービスの質が上がることをＡ氏は期待している。


（中野大樹）

イーロン・マスクの頭の中

起業家であるイーロン・マスク氏が、情熱を傾けるのはＥＶだけではない。宇宙輸送サービス、脳埋め込みデバイス、超高速の地下輸送トンネルなど、ＳＦ小説のような事業を本気で実現しようとしている。常人の理解の範疇を超える行動原理を、これまでの発言から解読してみよう。

「将来地球に恐ろしいことが起こったときに備え、生命にとっての『生命保険』が必要だ」。２０２０年８月に開かれたイベントで、マスク氏は熱く語った。「生命保険」とは、同氏がＣＥＯを務めるスペースＸが今世紀中の実現を目指す、火星移住のことだ。

人類を「惑星間種族」へ

２００2年、共同創業したインターネット決済サービスのペイパルを売却して設立したのが、宇宙事業を手がけるスペースX。再利用できる宇宙船の開発により、安価な宇宙旅行サービスの提供を目指している。２０年夏には、その一歩として民間の有人宇宙船では初めて国際宇宙ステーションへのドッキングを成功させた。

「人類存続のためには、火星にコロニー（居住地）を建設する必要がある」とマスク氏は言う。２０１7年、学術誌に掲載された同氏の論文によれば、人類の滅亡を回避するには「宇宙に文明を築き、人類が惑星間種族となる」必要がある。複数の惑星や衛星を移住先として検討した結果、最も有望なのが火星なのだという。

もちろん、火星移住はあくまで次善の策だ。地球が滅亡する前にそのリスクを軽減する必要がある。リスクの1つである地球温暖化を防ぐ使命を担うのがテスラだ。防止の手段は2つある。

1つ目は、電動化により二酸化炭素の排出を抑えること。同社が手がけるのはＥＶ

だが、将来的に、「すべての動く乗り物は電動になる」と言う。

2つ目が、再生可能エネルギーを利用することだ。テスラは住宅用の太陽光パネルや蓄電池を展開している。全社売上高の約8割を占めるEVに比べると存在感は薄いが、いずれEV事業と同じ規模にまで拡大させる構えだ。「テスラは自動車メーカーではない。世界の自動車メーカーに欠けているのは持続可能なエネルギーの企業であり、そういう企業になる」(マスク氏)。

人類の時間を奪い、いら立たせる都市渋滞を解消することも、夢の1つ。そこで考案されたのが、地下に高速交通ネットワークを張り巡らせること。このミッションを担うのが、16年設立の掘削会社、ボーリング・カンパニーだ。「ロサンゼルス中の地下に巨大な穴を掘って、渋滞緩和のための3Dトンネルを構築する」と言い、17年には、専用の車輪を付けたテスラ車が試験トンネルを走行する様子を公開した。速度は時速241キロメートルまで上げられるという。

20年5月には、米ラスベガスに地下トンネル「ループ」も開通した。ラスベガスは、毎年大規模な展示会が開催され、期間中にはひどい渋滞が発生する。展示会場や市街地をトンネルで結び、電動の自動運転シャトルで移動することで、その緩和を目指す。今後の課題は、掘削にかかる莫大なコストをいかに賄うかだ。

人類そのもののアップデートも進める。16年に設立したベンチャー企業、ニューラリンクが8月下旬に発表したのが、直径23ミリメートル、厚さ8ミリメートルのコイン大の機械だ。「リンク」と呼ばれるこの物体を、自動手術ロボットにより人間の頭蓋骨に埋め込むことで、将来的に脳とコンピューターの間で信号のやり取りが可能になる。「ブレイン・マシン・インターフェース（BMI）」と呼ばれる、世界中で開発が進められているデバイスだ。

人間にAIを搭載へ

ニューラリンクは目下、脊髄損傷などの障害を持った人の意思疎通のために製品を活用することを目指す。ただし発表会では、健常者が手足や口を使わずとも車を運転するなどの用途も紹介された。将来的にはAIの搭載も検討しているという。このデバイスを各自のＡＩアバターと接続し、「未来の社会が、人々の総意によって管理される」ことが願いだ。

今回のリンクの試作品は、わずか4年で開発されたもので、すでに動物への搭載実験が行われている。マスク氏が開発を急ぐのは、高度なＡＩの登場が「第３次世界大戦の引き金を引く」との危惧からだ。

２０１８年に公開されたドキュメンタリー映画の中では、高度なＡＩに対する恐怖を次のように語っている。

「ある企業や集団が神のような超知性を開発したとき、彼らは世界をその手中に収めることができる」「悪魔のような独裁者もいつかは死ぬ。一方、ＡＩの独裁者は不死身だ」。つまりＡＩによる恐怖政治を防ぐために、人間はマシンとのハイブリッドになるべし、という考えなのだ。

成し遂げるべきことが壮大である分、猛烈に働く。過去のインタビューでは「週80〜100時間は働くことで成功の確率が上がる」との持論を展開。自身は、週１２０時間労働だという。

テスラでバッテリー開発を担当し、17年に退職したカート・ケルティ氏はマスク氏の魅力について、「ほかの人には見えない未来が、彼には見えているようだ」と語る。一般的に困難に見える目標でも、そこから逆算して実現可能なマイルストーンに落とし込み、猛烈な仕事量で一つひとつ達成していく。それがマスク氏の経営手法の本質だ。その圧倒的な構想力と行動力に魅了された人々が、労働や資金を提供することで、現在の帝国が築かれている。

（印南志帆）

テックスターの壮大野望

サイエンスジャーナリスト　デイビッド・H・フリードマン

2008年、37歳のイーロン・マスクは人生のどん底にあった。CEOを務める2つの会社がどちらも倒産の危機に瀕していたからだ。

テスラは、待望の初のEV「ロードスター」の発売に向けて苦戦していた。宇宙ベンチャーのスペースXは、3回の打ち上げに失敗し、まだ何も名を上げていなかった。悪いことは重なり、大学時代から付き合っていた最初の妻とも破局した。

それから1年も経たないうちに状況は一変する。スポーツカーのロードスターは、造れば売れた。スペースXは打ち上げに成功し、16億ドル（約1700億円）でNASAと契約を結んだ。両社は、自動車と宇宙という2つの重要な産業に革命を起こし、世界を変える可能性を秘めていた。さらにマスクは再婚した。

ジェットコースター並みに激しい人生の起伏は、マスクの半生を語るうえでもはや「定番」といえる。彼が運勢の変わりやすい人だからではない。子どもの頃の経験に起因する内面の複雑さと、自己矛盾、そして常軌を逸した壮大な野望によるものなのだ。

そして現在のマスクは、EV生産が軌道に乗り、ロケットの有人飛行を成功させた。ツイッターでは約3900万人のフォロワーを持ち、資産の額は890億ドル（約9兆3000億円）と最も裕福な人々の一人にまで上り詰めている。

これほどの有名人にもかかわらず、わからないことがある。「イーロン・マスクとは、いったい何者なのか」ということだ。

異常な集中力

この疑問を最初に抱いたのは、おそらくマスクの両親だろう。1971年、マスクは南アフリカ共和国のプレトリアで、エンジニアの父と、ファッションモデルの母との間に生まれた。

彼は幼児期から虚空を見つめてぼーっとしていることがよくあった。両親が必死に注意を引こうとしても、ピクリとも反応しない。そこで両親は、感染症で耳が聞こえないのではないかと心配し、咽頭へんとうの除去手術を受けさせたが、まったく効果がない。

それもそのはず、マスクの聴力には何の問題もなかった。後に本人が語ったところによれば、「5〜6歳のときに外界からの刺激を遮断し、1つのことに全神経を集中させることを身に付けた」のだという。

この度を越した集中力は、しだいに読書に向けられることになる。家族の証言によれば、6歳のときには1日に10時間、本にかじりついていたこともあったという。地元の図書館の蔵書を読破してしまうほどの本の虫だった。

ティーンエージャーになり、次に没頭したのがパーソナルコンピューターだ。両親は、家庭用パソコン「コモドールVIC－20」を、当時10歳の息子に買い与えた。マスクは、三日三晩かけてプログラミング言語「BASIC（ベーシック）」を習得したマスクは、ビデオゲームのコーディングに熱中し、12歳のときには『Blastar（ブラスター）』と名付けたゲームを開発。コンピューター雑誌から500ドルの報奨金を獲得した。後にいくつもの製品を世に送り出すことになるマスクにとって、これが最初の開発した製品だった。

周囲から見たマスクは、変わった子どもだった。中学、高校まで周りとなじめず、それどころか同級生に暴行を受けて血だらけになることもあった。

家庭も安息の場所とはいえなかった。彼自身の話によると、家は「悲惨な場所」であり、学校で暴力を振るわれて家に帰ったら、家もひどい状態になっていたことがしばしばあった。とくに彼に厳しく接したのは父親だが、9歳のときに両親が離婚すると、母親ではなく父親についていくことを選ぶ。父親との生活は、精神的な拷問だったという。

こうしたつらい経験は、さらにマスクを自分の想像の世界に逃避させた。つらく、抑圧的な現実に適応するために、スーパーヒーローになる夢を抱く子どもは珍しくない。マスクも16歳になる頃には、「いつか僕が人類を救う日が来る」と公然と宣言するようになる。すなわち、今のマスクに通じる「メシア（救世主）的」な視点で世界規模の問題に取り組むための種は、幼少期にまかれたといえる。

ただ、マスクは単なる夢想家ではなく、世界に通じるレベルの野心と実行力を伴っていた。彼は今、ロケットからトンネル掘削企業まで複数の事業を展開しているが、どれか1つを成功させるだけでも革命的な起業家として名を上げることはできるだろう。だが、これらを合わせてポートフォリオとして見た場合、彼が人類の生活を大きく変える可能性を秘めているといっても過言ではない。

米国の調査会社グローバル・エクイティーズ・リサーチのトリップ・チャウドリー株式担当マネジングディレクターはマスクをこう評価する。「彼はつねに新しい産業を生み出し、信じられないほど高い目標を持っている」。

そんな彼を、ファンはほとんど妄信的に支持している。戦略コンサルティング会社ライト・イヤーズの代表であり、ハイテク企業による影響力の拡大についての本『シリコンステイツ』の著者であるルーシー・グリーンは言う。「マスクの支持者は、まるで（神の言葉を絶対視する）福音主義者のようだ。マスクを神格化している」。

「火星で死にたい」

マスクが天才であり、並外れた集中力と洞察力を持ち、想像しうる最大のスケールで問題に取り組むためにその才能を使っていることは明らかだ。そして十分すぎる富と名声もある。

ところが、彼はつねに逃避妄想に取りつかれ、自己価値の乱高下に悩まされ、人間関係も波乱に満ちている。

彼の内面を読み解くヒントとなるのが、マスクが繰り返し公言しているある言葉だ。彼は、自分が死ぬまでに人類を火星に連れていくと宣言すると同時に、彼自身が「火星で（安全に着陸した後に）死ぬつもりだ」と語っている。すなわち、人類のための目標は同時に、彼自身の願いでもあるといえる。火星への移住は、今ある環境を捨てて、つねに新天地を求めて会社も住む場所も転々としてきたマスクにとって、これまでの人生の究極の延長線上にあるのだ。

マスクは高校卒業後、南アフリカで大学に入学したが、すぐに退学し、母方のルーツであるカナダの大学に入り直した。その2年後には、米ペンシルベニア大学に入学する。

その後はシリコンバレーに飛び、スタンフォード大学の博士課程に入学。しかし、ものの2日で退学した。インターネットでの起業に可能性を見いだし、父親にお金を借りて弟と「Zip2」という会社を設立する。新聞などのメディアに、オンラインでのシティーガイドソフトを提供する企業だ。今の華やかさと比べると、マスクのスタートは随分と地味だった。

1999年にZip2を売却すると、ここで2200万ドル（約23億円）という大金を手にする。

この資金を元に、ペイパルの前身となるオンライン銀行サービスの"X.com"（エックスドットコム）を設立した。その時点で、シリコンバレーからロサンゼルスに居を移している。

ところが、2000年に最初の妻、ジャスティンとの新婚旅行をしている最中、ペイパルのCEO職を剥奪されてしまう。その代わり、2億5000万ドルの株売却益を手にし、それを投じてつくったのがスペースXである。さらに、２００４年にはEVベンチャーのテスラに投資をする。

インターネット起業家から、莫大な資産を持つ投資家兼経営者になるにつれ、いかにもテックオタク風だった風貌にも変化が生じる。１２年には大規模な植毛を受けていると推測され、今のふさふさのたてがみも手にしている。

それでは今の彼はどこへ向かっているのか。火星という次なる行き先を前に、立ち往生しているように見える。

「舌禍事件」の数々

マスクには、言動が時に自己防衛的で、余計な争いを生みやすいという特徴もある。テスラの取締役や大株主は、投資家、アナリスト、ジャーナリスト、一般市民などからの批判的コメントに対してマスクが過剰に攻撃的になることで、たびたび痛い思いをしている。

2018年7月、浸水した洞窟に閉じ込められたタイの少年たちを助けるために小型潜水艦を配備しようとしたマスクの行動が、実際に救助を行ったダイバーによって批判された際には、ダイバーのことを根拠なく「小児性愛者」だとツイッター上で罵倒した。ダイバーは、後にマスクを名誉毀損で訴えている（しかし、マスクに損害を与えられたと証明できず敗訴）。

同年8月には、マスクがツイッター上で、テスラ株を非公開化するための資金を「確保した」と投稿。このツイートにより株価は急騰し、米証券取引委員会（SEC）からは証券詐欺の疑いを指摘された。この騒ぎは、跋扈（ばっこ）するカラ売り投資家にしびれを切らしたマスクの突発的な行動に端を発する。

こうした過剰に自己防衛的な態度から、マスクが「偽者症候群」に苦しんでいる可能性を指摘する向きもある。偽者症候群とは、自分が周囲に対して実力があるかのように見せかけ、周囲を欺いているのではないか、との強迫観念に陥ることだ。

他者の扱い方にも特徴がある。マスクのプライベートな交流についてはほとんど知られていないので、彼が閉鎖されたドアの向こうでどのような人格なのかはわからない。ただ少なくとも明らかなのは、自社の従業員に対しては、彼の目標を達成するためであれば非常に厳しく、残酷な扱いをするということである。

2018年に「モデル3」の生産が予定より遅れ、会社の資金繰りが危ぶまれたとき、マスクはその遅れを取り戻すために、従業員に対して数日間、ほぼ不眠不休で働くことを要求した。

従業員に眠らないよう高カフェインの飲み物を飲ませ、さらには壊れたパイプから床にこぼれた汚水の中に立つことを強要したとも報道されている。マスク自身も工場に寝泊まりし、床でごろ寝をすることもあった。

2020年に入って米国でもコロナ禍が発生し、5月に政府当局が労働者を守るためにカリフォルニア州の企業を一時的に閉鎖するよう命じたときも、マスクはテスラの工場閉鎖を拒否した。労働者には「家にいることを選択できる」と伝えていたにもかかわらず、出社しなかった従業員を解雇した。そのとき解雇された従業員の一人は、「イーロンをはじめ、テスラは従業員の健康と幸福をまったく気にしていない」と語っている。

一般的に、ひどいいじめを受けたことのある子どもは、成長すると自分自身がいじめる側になる傾向があるといわれている。

そもそもマスクは、人間の労働者をロボットに置き換えることで世界の自動車業界をリードし、ロボット工学の研究開発に自動車業界平均の2倍の投資を行ってきた。「人類の救済」を掲げているにもかかわらず、彼は労働市場から人を追放しようとしているようにも見える。

私生活では、離婚を何度も繰り返している。彼は、最初の妻との離婚後、2番目の妻との再婚、再離婚、復縁、再々離婚、俳優のジョニー・デップの妻であった女優のアンバー・ハードとの2年間の不倫を経験し、20年に入って、ミュージシャンのグライムスとの間に婚外子をもうけている。

ただ、6人の息子（1人は乳児期に死亡している）にとっては「責任ある父親だ」と、彼の家庭での顔を知るほとんどの人が証言している。自身も「私はかなりよい父親だ」と、マスクにしては意外な謙虚さで発言したことがある。こうした数々の証拠から、成功者マスクの二面性が垣間見えてくる。

真の救世主か?

マスクと同様に毀誉褒貶（きよほうへん）の激しい著名人に、英国の元首相、ウィンストン・チャーチルがいる。彼も子どもの頃、「将来は世界の救世主になる」と宣言していた。多くの人は、チャーチルがその約束を果たしたと言うだろう。そして、マスクの人生がどのように評価されるかの審判は、まだ下されていない。

もし彼のバッテリー駆動車の会社が気候変動の緩和に貢献し、彼の宇宙ベンチャーが人類の足跡を別の惑星にまで拡大するならば、彼の幼少期の逸話は「昔のこと」として片付けられるだろうし、未来の世代は彼の人間離れした欠点を気にすらしないだろう。

デイビッド・H・フリードマン（David H. Freedman）

米オーバリン大学で物理学、ノースウェスタン大学でジャーナリズムを修めた後、『インク』、ニューヨーク・タイムズ、『ワイアード』などで執筆。著書に『WRONG』（本邦未訳）、『アメリカ海兵隊式経営』など。

西暦	年齢	出来事
1971年	0歳	南アフリカで、エンジニアの父とモデルの母との間に生まれる
77	6	読書に熱中し、地元の図書館の本をすべて読み終える
80	9	両親が離婚。学校では暴力的ないじめを受ける
81	10	コンピューター「コモドールVIC-20」を入手し、数日でプログラミング言語をマスター
83	12	「Blastar」というビデオゲームを開発し、コンピューター雑誌から500ドルの報奨金をもらう
87	16	人生の目的は人類を救うことだと表明する
88	17	兵役を避けるためにカナダのオンタリオ州に移り、クイーンズ大学に通う
94	23	米ペンシルベニア大学に編入し、経済学と物理学の学位を取得。スタンフォード大学で物理学の博士課程に入るが、2日で中退。インターネット企業家となる
95	24	弟のキンバルとともにオンラインの都市ガイドを発行するZip2を設立
99	28	Zip2の売却で2200万ドルを獲得、後にペイパルとなるオンライン銀行X.comを設立
2000	29	最初の結婚。新婚旅行中、ペイパルの投資家からCEOの肩書を剥奪される
02	31	ペイパルの株売却で2億5000万ドルを受け取る。これを原資に宇宙ベンチャー、スペースXを設立
04	33	テスラに出資。双子が生まれる
06	35	スペースXで打ち上げた最初のロケットが打ち上げ中に爆発。三つ子が生まれる
08	37	テスラ、スペースXともに資金繰りが危機的状態に
10	39	テスラ上場。2番目の妻と結婚
11	40	2031年までに人類を火星に連れていくと宣言
13	42	超高速輸送機関「ハイパーループ」の設計を発表
15	44	スペースXの再利用可能なロケットが軌道に乗り、初の着陸に成功。上海ギガファクトリーが竣工、出荷開始
17	46	世界最大の電池工場、ギガファクトリーが稼働
20	49	スペースXが初の有人飛行に成功。恋人のミュージシャンとの間に生まれた子どもに、「X Æ(アッシュ) A-XII」と名付ける

いじめられっ子の「本の虫」からセレブへ

車載用電池をめぐる激闘

「トヨタ自動車がパナソニックの車載電池事業を傘下に」「フォルクスワーゲンやダイムラー、ホンダが中国の電池メーカーに相次いで出資」——。本格的な自動車の電動化時代が近づく中、必須部品である電池の大量調達に向けて、自動車メーカーの動きが活発化している。

現在のＥＶやハイブリッド車（ＨＶ）には、エネルギー密度の高いリチウムイオン２次電池が主に使用されている。２０１９年のリチウムイオン電池総出荷量のうち、車載用途は１５５ギガワット時。電動車の本格的な普及はこれからだが、すでに量ではスマートフォンなど民生用途の２倍超の市場規模になった。とくにＥＶは大量の電池を搭載するため、普及が本格化すれば電池需要が爆発的に増え、需給の逼迫が予想される。

自動車メーカーにとって、電池の調達戦略は極めて重要だ。その性能・品質が搭載車の航続可能距離や安全性に大きく影響するうえ、電池は車両の総原価に占める割合が突出して高い。自動車専門の調査会社マークラインズが試算した国産ＥＶのコスト分析によると、部品総原価のうち、電池関連のコストは全体の約半分を占める。直近の電池の相場はそこから下がってはいるが、それでもＥＶの製造で最もお金がかかる部品なのは間違いない。

■ EVはバッテリーがコストの半分を占める
—ガソリン車とEVの構成部品のコスト比較—

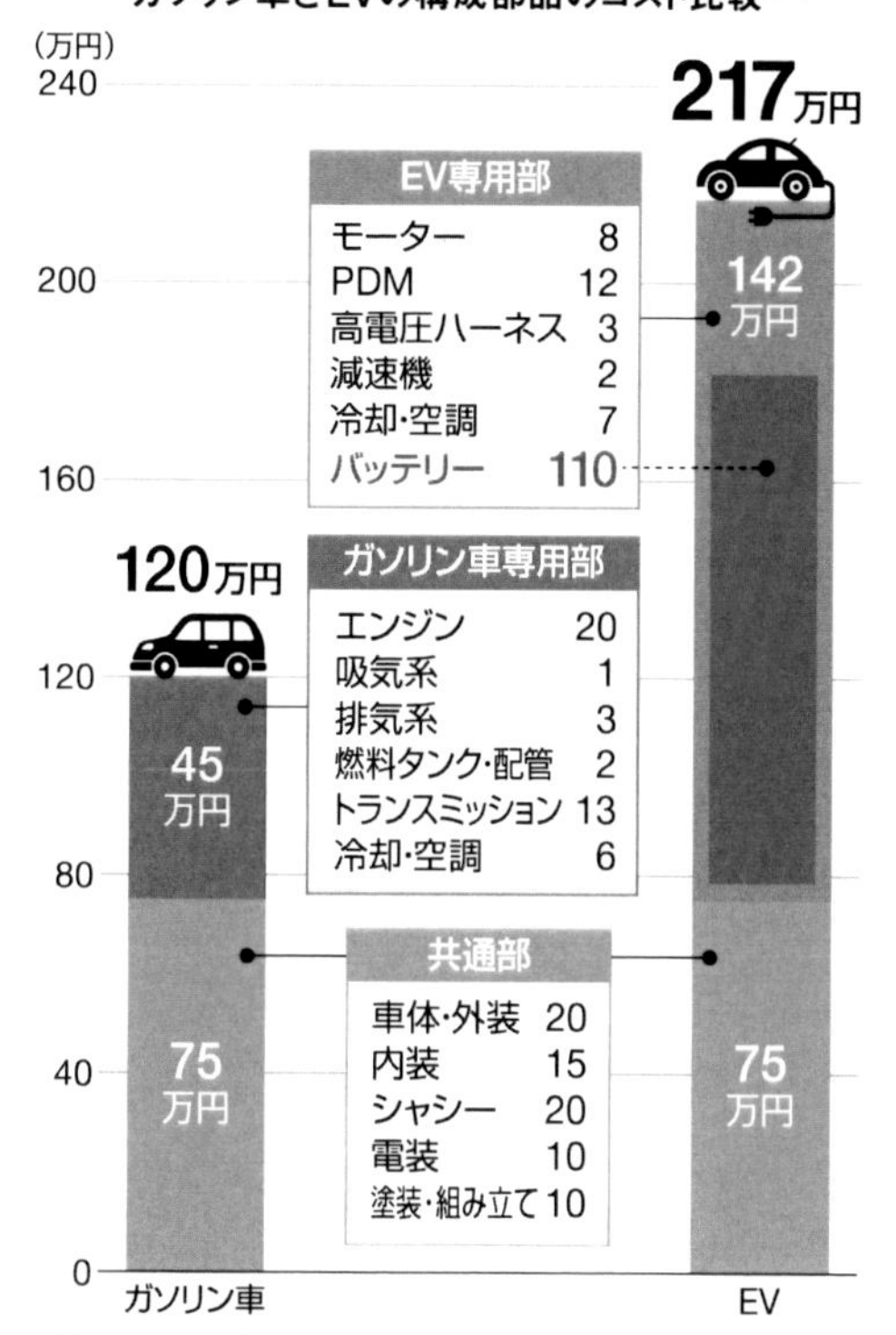

(注)コストには、管理費、開発費、型償却費を含まず。バッテリーの容量は40kWh (出所)マークラインズ

自動車メーカーがＥＶでの競争に勝ち残るには、性能や品質のよい電池を少しでも安く、大量かつ安定的に調達できる体制を構築しておくことが不可欠。そこで各社は有力な電池メーカーの供給枠を押さえようと、長期の大口契約締結や関係強化に奔走している。その相手として申し込みが殺到しているのが、車載用で世界首位（シェアは２３％）の中国ＣＡＴＬだ。

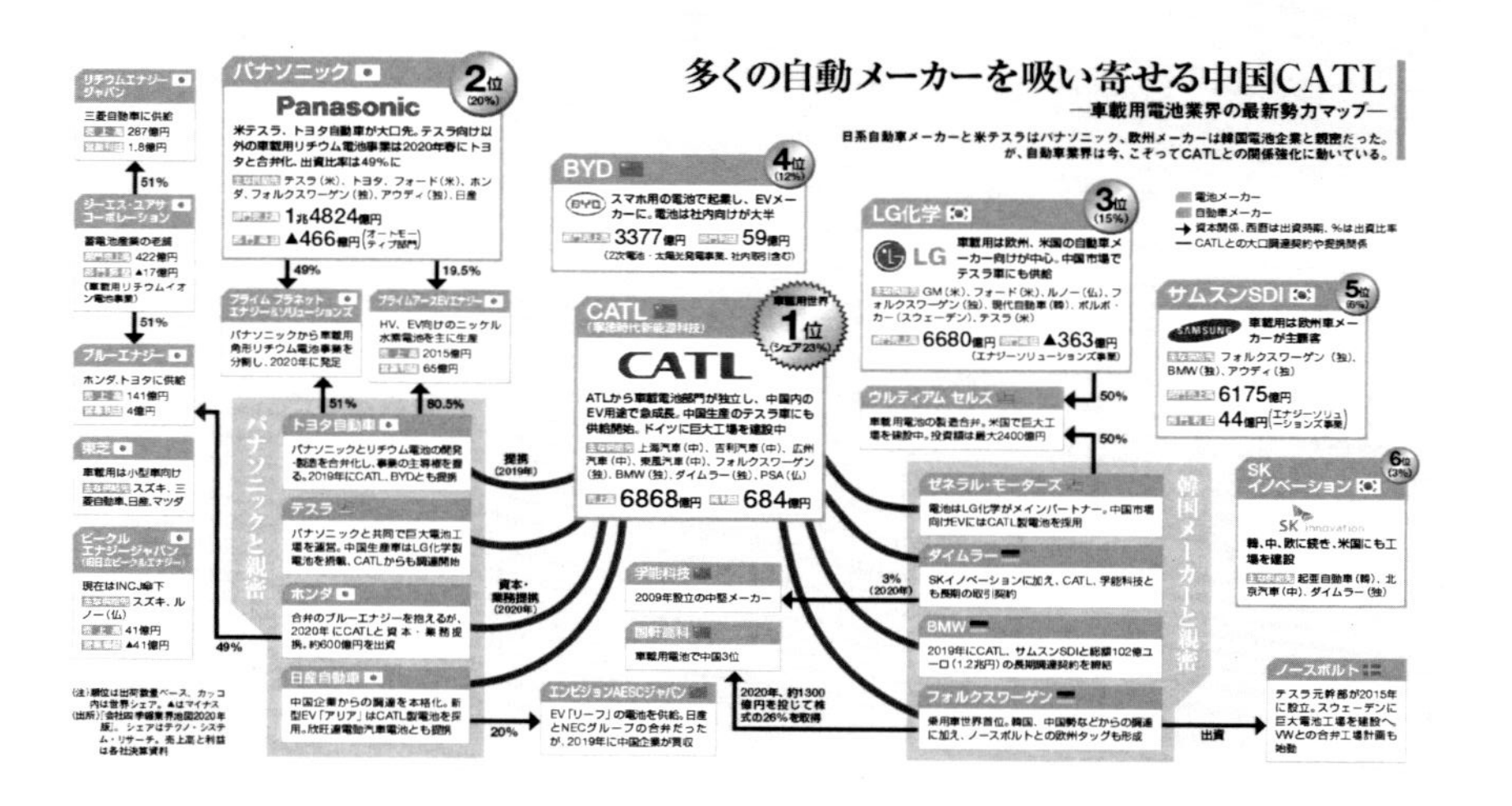

多くの自動車メーカーを吸い寄せる中国CATL
—車載用電池業界の最新勢力マップ—
日系自動車メーカーと米テスラはパナソニック、欧州メーカーは韓国電池企業と親密だった。
が、自動車業界は今、こぞってCATLとの関係強化に動いている。
電池メーカー
自動車メーカー
資本関係。西暦は出資時期、%は出資比率
CATLとの大口調達契約や提携関係
パナソニック
Panasonic
2位
(20%)
米テスラ、トヨタ自動車が大口先。テスラ向け以外の車載用リチウム電池事業は2020年春にトヨタと合弁化。出資比率は49%に
テスラ(米)、トヨタ、フォード(米)、ホンダ、フォルクスワーゲン(独)、アウディ(独)、日産
1兆4824億円
▲466億円(オートモーティブ部門)
BYD
4位
(12%)
スマホ用の電池で起業し、EVメーカーに。電池は社内向けが大半
3377億円
59億円
(2次電池・太陽光発電事業、社内取引含む)
LG化学
3位
(15%)
LG
車載用は欧州、米国の自動車メーカー向けが中心。中国市場でテスラ車にも供給
GM(米)、フォード(米)、ルノー(仏)、フォルクスワーゲン(独)、現代自動車(韓)、ボルボ・カー(スウェーデン)、テスラ(米)
6680億円
▲363億円
(エナジーソリューションズ事業)
サムスンSDI
5位
(6%)
SAMSUNG
車載用は欧州車メーカーが主顧客
フォルクスワーゲン(独)、BMW(独)、アウディ(独)
6175億円
44億円(エナジーソリューションズ事業)
SK
イノベーション
6位
(3%)
SK innovation
韓、中、欧に続き、米国にも工場を建設
起亜自動車(韓)、北京汽車(中)、ダイムラー(独)
CATL
(寧徳時代新能源科技)
車載用世界
1位
(シェア23%)
CATL
ATLから車載電池部門が独立し、中国内のEV用途で急成長。中国生産のテスラ車にも供給開始。ドイツに巨大工場を建設中
上海汽車(中)、吉利汽車(中)、広州汽車(中)、東風汽車(中)、フォルクスワーゲン(独)、BMW(独)、ダイムラー(独)、PSA(仏)
6868億円
684億円
リチウムエナジージャパン
三菱自動車に供給
287億円
1.8億円
51%
ジーエス・ユアサコーポレーション
蓄電池産業の老舗
422億円
▲17億円
(車載用リチウムイオン電池事業)
51%
ブルーエナジー
ホンダ、トヨタに供給
141億円
4億円
東芝
車載用は小型車向け
スズキ、三菱自動車、日産、マツダ
ビークルエナジージャパン
(旧日立ビークルエナジー)
現在はINCJ傘下
スズキ、ルノー(仏)
41億円
▲41億円
49%
19.5%
プライム プラネット エナジー&ソリューションズ
パナソニックから車載用角形リチウム電池事業を分割し、2020年に発足
プライムアースEVエナジー
HV、EV向けのニッケル水素電池を主に生産
2015億円
65億円
51%
80.5%
パナソニックと親密
トヨタ自動車
パナソニックとリチウム電池の開発・製造を合弁化し、事業の主導権を握る。2019年にCATL、BYDとも提携
提携
(2019年)
テスラ
パナソニックと共同で巨大電池工場を運営。中国生産車はLG化学製電池を搭載。CATLからも調達開始
ホンダ
合弁のブルーエナジーを抱えるが、2020年にCATLと資本・業務提携。約600億円を出資
資本・業務提携
(2020年)
49%
日産自動車
中国企業からの調達を本格化。新型EV「アリア」はCATL製電池を採用。欣旺達電動汽車電池とも提携
20%
エンビジョンAESCジャパン
EV「リーフ」の電池を供給。日産とNECグループの合弁だったが、2019年に中国企業が買収
孚能科技
2009年設立の中堅メーカー
国軒高科
車載用電池で中国3位
2020年、約1300億円を投じて株式の26%を取得
3%
(2020年)
ウルティアム セルズ
車載用電池の製造合弁。米国で巨大工場を建設中。投資額は最大2400億円
50%
50%
韓国メーカーと親密
ゼネラル・モーターズ
電池はLG化学がメインパートナー。中国市場向けEVにはCATL製電池を採用
ダイムラー
SKイノベーションに加え、CATL、孚能科技とも長期の取引契約
BMW
2019年にCATL、サムスンSDIと総額102億ユーロ(1.2兆円)の長期調達契約を締結
フォルクスワーゲン
乗用車世界首位。韓国、中国勢などからの調達に加え、ノースボルトとの欧州タッグも形成
出資
ノースボルト
テスラ元幹部が2015年に設立。スウェーデンに巨大電池工場を建設へ。VWとの合弁工場計画も始動
(注)順位は出荷数量ベース、カッコ内は世界シェア。▲はマイナス
(出所)『会社四季報業界地図2020年版』。シェアはテクノ・システム・リサーチ。売上高と利益は各社決算資料

売上高が5年で50倍に

中国における年間の新車販売台数は約２６００万台（１９年実績）と世界最大で、電動化でも先行する。その中国で今後販売するＥＶ用の電池を確保すべく、欧米の自動車メーカーに加え、トヨタをはじめとする日系車メーカーも続々とＣＡＴＬと関係を強化した。ホンダに至っては１９年の業務提携に続き、供給枠などで優遇してもらうため、２０２０年７月に６００億円規模の出資に踏み切った。

ＣＡＴＬは、ＴＤＫの香港子会社で民生用電池世界大手のＡＴＬから、車載用電池部門が１１年に独立して発足した。中国政府は多額の補助金でＥＶ需要を喚起する一方、新産業育成のため、自国企業の電池を搭載したＥＶのみを優遇している。こうした国策の下で飛躍的な成長を遂げたのが、技術やコスト競争力に定評があるＣＡＴＬだった。欧米の自動車メーカーからも次々に電池を受注し、１４年に年間１４０億円程度だった売上高は、わずか5年で７０００億円近くに拡大した。

ＣＡＴＬの快進撃は今後も続きそうだ。欧米や日系の自動車メーカーによるＣＡＴ

L製電池の採用事例を見ると、これまでは中国で生産して中国で売る車種のみが対象だったが、そうした〝常識〟は徐々に変わり始めている。

ＣＡＴＬとの関係強化に動いた日産自動車は、ＣＡＴＬ製電池の搭載対象をグローバル車種にも拡大する。その第1弾となるのが、２１年発売する新型ＥＶ「アリア」だ。２２年にＣＡＴＬからの電池調達を始めるホンダも、まずは中国市場で販売するＥＶを対象としているが、「将来的にはグローバル車種での採用を検討する」と表明している。

ＬＧ化学をはじめとする韓国企業にも勢いがある。調査会社テクノ・システム・リサーチによると、ＣＡＴＬに次ぐ世界シェア2位はパナソニック（シェア２０％）で、それに続く3〜6位の4社のうち3社は韓国系が占める。

ＬＧ化学、サムスンＳＤＩはもともと民生用電池の世界大手。近年は車載用に経営資源を集中しており、関係の深い欧米自動車メーカーによる今後発売のＥＶグローバル車種で採用が相次ぐ。

苦戦するパナソニック

中国、韓国勢が勢いづく中で、迷走気味なのがパナソニックだ。日系の自動車メーカーや米テスラなどに、EVやHV用の電池を供給してきた。ところが、2020年4月に体制を大幅に変更した。テスラ向け以外の車載用電池事業は、トヨタとの合弁会社に移行し、事業運営の主導権はトヨタが握る。

トヨタは25年までに電動車の年間販売台数を550万台以上（19年実績は192万台）へと増やす目標を掲げている。こうした目標を実現するうえで電池が重要なカギを握るため、トヨタとしては実質的な内製化によって競争力を高めたい狙いがある。今後はトヨタ自身が電池事業を主導し、生産能力の拡大などに積極的な投資を行っていく考えだ。

パナソニックとしても、合弁化はやむをえなかった。トヨタからの資金なくして単独で大規模な設備投資を重ねるのは難しい。テスラ向け事業での巨額投資を回収できていないからだ。

パナソニックはテスラと2010年に提携。電池を共同開発し、テスラへ独占的に供給してきた。両社の合弁で17年に稼働した電池の生産拠点である、米ネバダ州のギガファクトリー1の投資総額は50億ドル。そのうち3割程度をパナソニックが負担している。

その償却費が重いことに加え、パナソニックの開発コストがテスラの調達価格に反映されないという不利な契約条件だったもようで、テスラ事業は営業赤字が続く。津賀一宏社長がイーロン・マスクCEOと定期的に条件改善の交渉を続け、20年6月にようやく値上げにこぎ着けた。その価格が23年末まで維持されることから、黒字化が見えてきたところだ。

テスラ向け以外の車載用電池の開発・生産がトヨタとの合弁に移り、今後のパナソニックの電池事業はテスラと一蓮托生だ。テスラは積極的な増産投資を続けており、独ベルリンに建設中のEV製造工場ギガファクトリー4を21年半ばに稼働させる予定。米テキサスにも工場を新設すると発表し、パナソニックに協力を呼びかけている。

すでにパナソニックは21年6月をメドに、100億円を投じてギガファクトリー1の生産能力を1割引き上げることを決めた。今後の投資にも意欲を見せる。テスラ事業担当の佐藤基嗣副社長は、「優先順位は北米が1番で、次が欧州」と言う。

ただし不安は尽きない。テスラがほかの電池メーカーからも調達を始めたからである。19年12月に稼働した、「モデル3」などを生産する上海のギガファクトリー3へは、LG化学が電池を供給している。CATLも「20年後半から供給を開始する」（海外乗用車事業トップのニ・ジェン氏）。両社の電池が搭載されるのは中国専用のモデル3だが、米国や欧州でも供給を始める可能性が十分にある。

さらに、テスラが20年9月22日に開催した技術発表会「バッテリーデー」では、衝撃的な発表があった。電池を内製し、23年以降に量産へ乗り出すとぶち上げたのだ。現在の電池より単位容量（ドル／キロワット時）当たりのコストが5割超下がり、航続距離は5割以上伸ばせる画期的な電池になるという。

量産に時間がかかるため、当面の電池購入量は「減るどころかむしろ拡大する」（マスクCEO）。しかし、テスラがLG化学やCATLと取引を開始し、電池の内製化にも乗り出すことは、パナソニックからすると非常に厄介だ。テスラが今後、他社との取引や内製化をちらつかせながら、取引条件や設備投資で無理難題をふっかけてくることが目に見えている。パナソニックにとっては前途多難である。

（渡辺清治、印南志帆）

INTERVIEW　パナもテスラも知る男が証言

「日本企業の速度ではついていけない」

元パナソニック副社長・山田喜彦

パナソニック副社長を経験し、新興ベンチャーだったテスラとの協業を後押ししたのが山田喜彦氏だ。2017年にはテスラに移り、電池工場の立ち上げを指揮した。両社をよく知る男が、テスラのすごみと電池産業の行方を語る。

パナソニックがテスラへ出資した2010年当時、テスラが成功するとは誰も思っていなかった。それでもパナがテスラと組んだのは、これから成長していく可能性があるテスラと組む外的刺激によって、パナソニックを再成長させようと考えたからだ。

実際、ギガファクトリーは稼働後2年で軌道に乗った。途中、「モデル3」の量産に苦しむ事態も起こったが、テスラのＥＶの販売台数は３７万台弱（１９年）まで拡大した。イーロン・マスクＣＥＯが２００６年に掲げたテスラの事業計画「マスタープラン」は、ほぼ実現している。

テスラのすごさは、会社の使命が明確で、社員が一丸となって目標に向かっている点だ。テスラで働いた2年弱は、本当に面白く、退屈しなかった。経営者として学ぶべきことがたくさんあった。変革は、まさにこういう場所から起こると感じた。ただし社員はすさまじい集中力で猛烈に働くから、この状態をキープして何年も働ける人は少ない。

パナソニックに限らず、今の日本の大企業はこのテスラのスピード感についていけない。よほどのカリスマ経営者がいるか、創業者が経営に関わっていない限り無理だ。

求められる電池に変化

日本の大企業の課題は、意思決定が慎重すぎる点にある。製造業には高い技術力があり、半導体も液晶もリチウムイオン電池も、すべて日本が技術的に先行していた。

こうした設備産業の場合、市場が拡大期に入ると生産増強が必要になるが、日本企業は目先のPL（損益計算書）を心配し、設備投資に慎重になる。

そのうち、海外勢がエイヤと思い切った投資をして、いつの間にか生産量で抜かれている。その結果、投資した工場をフル稼働するだけの需要を獲得できず、赤字になり敗北する。その繰り返しだ。非常に残念なことだが、すでに電池も間違いなく同じ構図に陥っている。

足元では、EV電池に求められる特徴が変わっている。従来は航続距離を伸ばすために高容量の電池が求められたが、今は何度も充電できる持ちのいい電池への需要が高まっている。この流れに対応できるかが、電池メーカーの今後を左右するだろう。

（構成・印南志帆）

山田喜彦（やまだ・よしひこ）
慶大卒業後、1974年に松下電器入社。2004年に北米子会社社会長、13年に車載事業トップ、14年に副社長。17年にテスラのギガファクトリー・バイスプレジデント。19年から台湾 gogoro 社外取締役。

EV化で大打撃企業の生き残り策

EVをはじめとする電動車が普及していけば、エンジン関連や駆動系など一部の部品は不要になる。経済産業省の試算によると、エンジン車で約3万点ある部品のうち、EVでは約1・1万点が不要となる。従来部品を主力とする既存部品メーカーは淘汰の波にのまれるのか、それとも将来の収益柱を見つけられるのか――。生き残りへの戦いが始まっている。

「当社にとって電動化は地殻変動。もし何も対策をしなければ、いずれ売り上げは半分程度になってしまう」。ホンダ系列の部品サプライヤーである武蔵精密工業の大塚浩史社長は、危機感をあらわにする。現在主力とするエンジン部品のカムシャフトやトランスミッション（変速機）のギアは、EVでは不要なため、電動化の影響は大きい。

しかも、同社は売り上げの3割を欧州事業が占める。欧州は世界で最も環境規制の強化が進んでおり、ほかの地域に先駆けて電動化が進む。北米などを主力とする大半の日系サプライヤーに比べ、同社はこの点でも電動化の影響をいち早く受ける収益構造なのだ。株式市場ではこうした点が嫌気され、同社の足元の株価は、ピークだった2018年5月と比べて半分程度にまで下落している。

ただ、大塚社長は「電動化時代の到来はチャンスでもある」と強調する。その自信の根拠は、EVの基幹部品の1つである減速機に使われるギアだ。減速機はエンジン車の変速機に比べて構造がシンプルなため、部品点数は減る。一方で、静粛性や軽量化などの付加価値が従来以上に求められ、部品の単価は上がるという。

「(すり合わせの要素が減る) EVでは取引先がオープンになり、販路を拡大しやすくなる。会社の成長につながる大きな市場が広がっている」(大塚社長)。現在10%程度の電動車向け部品の比率を、3~4年後に25%にまで引き上げるのが当面の目標だ。

トヨタ自動車グループで自動車向け特殊鋼を手がける愛知製鋼も、電動化への対応を急いでいる。現在の主力はクランクシャフト、コンロッドなど、エンジン部材に使われる特殊鋼鋼材や鍛造品。電動化によってエンジン自体の需要が縮小すれば、これらの出荷数量は確実に減っていく。

専門の対応部署を新設

こうした事態に対応すべく、2018年に次世代領域の専門部署となる未来創生開発部を新設し、EV駆動モーター用の高性能永久磁石や電池材料、次世代インバーター部品などの開発を強化。連結売上高に占める電動化や自動運転など新事業の割合を現在の20%から、30年度には45%にまで引き上げる計画を掲げている。

中でも今後の成長牽引役として期待するのが、EV駆動モーター用の磁石だ。自動車の電動シート向けなどで培ってきた同社の永久磁石技術をEVの駆動モーターにうまく応用できれば、高回転で小型のモーターの開発が可能になる。開発を統括する野村一衛経営役員は、「磁石だけでなく、モーターの高速化に必要な軽量で高強度の回転軸（シャフト）など、周辺部品にも当社の鍛造技術が生かせる。従来とは異なる付加価値がある製品開発を加速する」と話す。

一方、既存事業のビジネスモデルを大きく変えようと動いているのが、トヨタ系列のフタバ産業だ。現在の主力であるマフラーはEVでは必要とされない。そこで同社が考えたのが、もう1つの柱であるドア回りの骨格などボディー系部品の強化。これまではトヨタから渡された図面に沿ってボディー部品を作るだけだったが、今後は構想開発・設計段階から評価・解析、さらには中規模組み立てに至るまでの作業工程を、一括して自分たちが手がけることを目指している。

自動車メーカーは今後、電動化や自動運転などCASE領域の開発に多くの経営資源を割かざるをえず、既存領域においては業務の効率化が求められている。そこで、フタバ産業はトヨタに代わって設計などの作業を担うことで、トヨタとの関係をより深めると同時に、事業の付加価値を高めようというわけだ。

もちろん、衝突安全性能を満たす車体部品の設計や評価作業を担うには、専門エンジニアの育成や解析・評価設備の整備などが欠かせない。このため、トヨタから車体設計のエンジニアを招いて準備を進めているところで、吉貴寛良社長は、「早期に体制を整備して開発の初期段階から関わり、ボディー部品でもトヨタにいろんな提案をしていきたい」と話す。

米系戦略コンサルティング会社のアーサー・ディ・リトル・ジャパンの市場予測によれば、10年後の30年の新車生産に占めるEV比率は15%。ハイブリッド車（HV）が36%、エンジン車は41%で、HVやプラグインハイブリッド車（PHV）など、エンジンとモーターを併用するパワートレインが混在する移行期間が当面は続く。自動車メーカーのみならず、部品メーカーにとっても、その移行期の間に事業構造を電動車向けにシフトできるかどうかが、会社の将来を左右する。

強まる業界再編圧力

ただし、現在の収益柱である既存事業の縮小に直面しながら、EV関連の新領域への先行投資を継続的に行っていくことは、各社の経営において大きな負担だ。CASEの本格化によって、部品業界の研究開発費負担は近年、右肩上がりで増えている。上場している国内部品会社の売上高上位30社の合計で見ると、19年度の売上高に対する研究開発費負担の比率は5％を超えた。

こうした中で、海外の自動車部品メーカーでは、合従連衡や電動化に大きく舵を切る動きが活発になっている。世界大手の独コンチネンタルは19年9月、主にエンジン関連部品を生産する世界7工場を29年までに閉鎖すると宣言。ガソリンやディーゼルなど、従来型のエンジン開発は30年までに打ち切る方針を掲げている。

■ **部品メーカーの投資負担は右肩上がり**
―国内主要30社合計の研究開発費の推移―

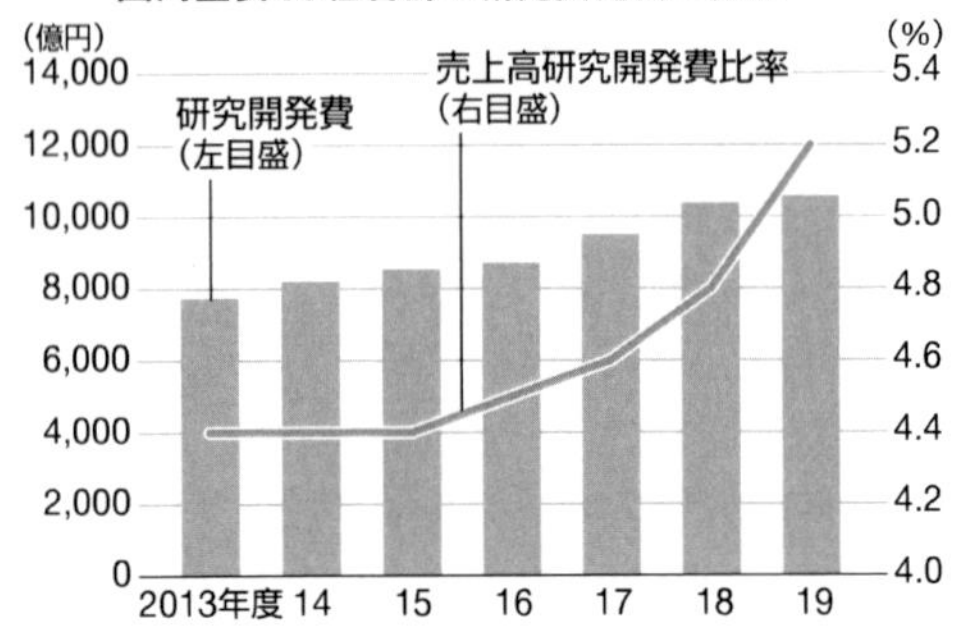

(注)東京証券取引所の業種別分類で「輸送用機器」に属する会社の売上高上位30社を抜粋して集計

■ **2035年に4割がCASE関連の利益に**
―自動車業界全体の利益構造予測―

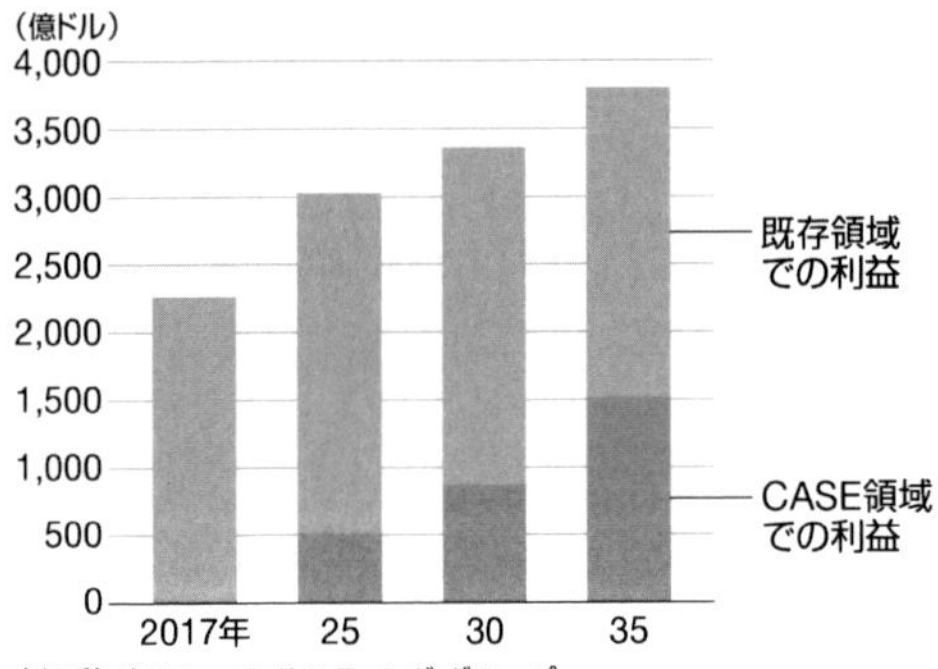

(出所)ボストン コンサルティング グループ

一方、国内勢を見ると、ホンダ系3社（ケーヒン、ショーワ、日信工業）と日立オートモティブシステムズが経営統合を決めるなど一部で再編が始まったが、海外企業に比べて動きはまだ鈍い。デンソーやアイシン精機などの世界的な大手を除けば、日本の部品サプライヤーは規模の小さな会社が多く、再編の余地は大きい。

新型コロナウイルスの影響により、20年度（20年度）の世界の自動車需要は前年度比で2割程度落ち込む見通しだ。足元では最悪期を脱して回復傾向ではあるものの、19年度の水準まで戻るには3〜4年程度要するとの見方が業界では大勢を占める。コロナ禍による業績の大幅な悪化で各社の投資余力は細っており、生き残りをかけた国内部品サプライヤーの再編が今後相次ぐ可能性もありそうだ。

（岸本桂司、木皮透庸）

日本電産、村田製作所……

EV化で伸びるのはここだ

「2025年がEV化の分水嶺。それまでにどれだけ受注を確保できるかが勝負だ」。モーターの世界最大手、日本電産の永守重信会長は気炎を上げる。

2030年までに連結売上高10兆円を目指すと宣言した永守会長は、ガソリン車のエンジンに相当するEVの駆動用モーター（トラクションモーター）を成長の牽引役と位置づける。すでに同社の駆動用モーターシステム「E-Axle（イーアクスル）」は中国の広州汽車集団などのEVに採用され、搭載されたEVが実際に走行している。

駆動用モーターはEVの心臓部ともいえる中核部品だけに、内製する自動車メーカーが多く、独ボッシュなど世界大手の自動車部品サプライヤーも注力する分野。競争は激しいが、日本電産はモーター専業ならではの開発力と価格競争力を武器として、採用車種を増やしていく戦略だ。

30年までに駆動用モーターの世界シェアを現状の数%から35%にする目標を掲げ、中国・大連の新工場をはじめ、ポーランドやメキシコなど世界で数千億円規模の設備投資を進めている。20年4月に日本電産社長に就任した日産自動車出身の関潤氏など、自動車業界に詳しい人材の獲得も進む。

エンジン車からEVへのシフトが追い風となる業種、その筆頭が電子部品の分野だ。電子情報技術産業協会(JEITA)によれば、電子部品産業における日系企業の世界シェアは4割近い。EV関連の電子部品でも高い技術力を誇る日本勢の躍進に期待が高まる。

■日本の部材メーカーに大きな商機

—EV普及が追い風になる主要な日本企業—

	社名	主な製品
電子部品	日本電産	トラクションモーター(駆動用モーター)
	ミネベアミツミ	モーター、センサー
	アルプスアルパイン	センサー、通信モジュール
	ローム	パワー半導体
	村田製作所	コンデンサー、通信モジュール
	太陽誘電	コンデンサー
	TDK	コンデンサー、センサー
	日本航空電子工業	コネクター
	ヒロセ電機	コネクター
	京セラ	カメラモジュール、センサー
素材・材料	旭化成	セパレーター(電池材料)
	東レ	セパレーター(電池材料)、炭素繊維複合材
	宇部興産	セパレーター(電池材料)
	三菱ケミカル	電池用の電解液・負極材、炭素繊維複合材
	帝人	炭素繊維やガラス繊維の複合材
	住友金属鉱山	正極材(電池材料)
	昭和電工マテリアルズ	負極材(電池材料)
	日立金属	モーター用高性能磁石
	信越化学工業	モーター用高性能磁石

1台のEVに1万個

モーター以外の電子部品では、村田製作所やTDK、太陽誘電などが手がける積層セラミックコンデンサー（MLCC）もEV化の恩恵を受ける。MLCCは主に電圧調整を担う部品。電気が流れる場所には必ず用いられ、最新のスマートフォンには約1000個のMLCCが使用されている。

エンジン車でも電子化の進展で1000～5000個が使用されているが、モーター駆動のEVになると使用個数が飛躍的に増える。世界最大手の村田製作所が米国メーカーのEVを分解したところ、1台に使用されているMLCCは1万個にも上ったという。

EVを支える周辺インフラでも商機がある。EVの充電時には電力供給のためにスタンドと自動車をつなぐコネクターが必要。日本航空電子工業などのコネクターメーカーはEV急速充電器用コネクターをすでに販売している。

EV時代の有望分野は電子部品以外にも複数ある。バッテリーとなるリチウムイオン2次電池や、駆動用モーターに必要な高性能の永久磁石、車体軽量化のための構造部材などだ。中でも車載電池は巨大な産業になると注目される。

電池メーカーの世界大手は今や中国・韓国勢だが、正極・負極材、セパレーターなど、電池材料では日本企業が大きな存在感を誇る。セパレーターでは旭化成と東レが世界大手で、宇部興産も上位の1社。住友化学と帝人は原反を他社から仕入れたうえで、独自のコーティングを施している。

品質・信頼性で差別化

セパレーターは正極と負極を隔離してショートを防ぐフィルム状の絶縁材で、電池の安全性を確保する最重要部材。容量が大きい車載用電池での発火事故は人命に関わる。競合する中国企業は多いが、少なくとも先進国のEVやハイブリッド車では、信頼性が高い日本企業製のセパレーターを使った電池の搭載が常識だ。

旭化成の小堀秀毅社長は、「ガソリン車からのシフトで、セパレーターの需要は爆発的に増えていく。旺盛な需要に応えるため、コロナ下でも計画どおりに生産能力を増強する」と話す。東レも韓国工場の増設に加え、21年には新たな生産拠点を欧州で立ち上げる。

炭素繊維複合材（炭素繊維強化プラスチック＝CFRP）などの軽量素材もEVでの採用が期待される。航続距離を伸ばすためには、車体の軽量化が有効だからだ。CFRPは世界首位の東レに加え、三菱ケミカル、帝人の日系3社が業界大手。まだ普及価格帯車種での採用にはコスト面での課題を抱えるが、3社とも金型で効率的に部品成形できる新タイプのCFRPを開発中で、コストが下がればEVでの本格採用に道が開ける。

電子部品メーカーが期待を寄せるのは電動化だけではない。自動運転や先進運転支援システム（ADAS）などが搭載される電装化も追い風だ。こうした自動車の高機能化が進むことで、通信用部品やセンサーの需要が増大する。

その際、自社の複数の部品・製品を組み合わせたモジュールとして自動車メーカーに売り込めば、一気にシェアを取れる。日本電産は駆動用モーターだけでなく、電池や車台などを丸ごと手がけて車両プラットフォームとして提案していくことを目指している。モジュールとして販売する事例は他社でも増えていきそうだ。自動車のＥＶ化により、電子部品や素材・材料分野で日系メーカーの商機が広がる。

（劉　彦甫、渡辺清治）

【週刊東洋経済】

本書は、東洋経済新報社『週刊東洋経済』２０２０年１０月１０日号より抜粋、加筆修正のうえ制作しています。この記事が完全収録された底本をはじめ、雑誌バックナンバーは小社ホームページからもお求めいただけます。

小社では、『週刊東洋経済ｅビジネス新書』シリーズをはじめ、このほかにも多数の電子書籍ラインナップをそろえております。ぜひストアにて「東洋経済」で検索してみてください。

『週刊東洋経済ｅビジネス新書』シリーズ

No.329　読解力を鍛える

No.330　決算書&ファイナンス入門

No.331　介護大全

No.332　ビジネスに効く健康法

No.333　新幹線　ｖｓ．エアライン

No.334　日本史における天皇
No.335　ＥＣ覇権バトル
No.336　検証！　ＮＨＫの正体
No.337　強い理系大学
No.338　世界史&宗教のツボ
No.339　ＭＡＲＣＨ大解剖
No.340　病院が壊れる
No.341　就職氷河期を救え！
No.342　衝撃！　住めない街
No.343　クスリの罠・医療の闇
No.344　船・港　海の経済学
No.345　資産運用マニュアル
No.346　マンションのリアル
No.347　三菱今昔　１５０年目の名門財閥

No.348　民法&労働法　大改正
No.349　アクティビスト　牙むく株主
No.350　名門大学　シン・序列
No.351　電機の試練
No.352　コロナ時代の不動産
No.353　変わり始めた銀行
No.354　脱炭素　待ったなし
No.355　独習　教養をみがく
No.356　鉄道・航空の惨状
No.357　がん治療の正解
No.358　事業承継　M&A

週刊東洋経済eビジネス新書　No.359

テスラの実力

【本誌（底本）】

編集局　中島順一郎

デザイン　小林由依、池田　梢、藤本麻衣

進行管理　三隅多香子

発行日　2020年10月10日

【電子版】

編集制作　塚田由紀夫、長谷川　隆

デザイン　市川和代

制作協力　丸井工文社

発行日　2021年5月6日　Ver.1

発行所　〒103-8345
東京都中央区日本橋本石町1-2-1
東洋経済新報社
電話　東洋経済コールセンター
03（6386）1040
https://toyokeizai.net/
発行人　駒橋憲一

電子書籍化に際しては、仕様上の都合などにより適宜編集を加えています。登場人物に関する情報、価格、為替レートなどは、特に記載のない限り底本編集当時のものです。一部の漢字を簡易慣用字体やかなで表記している場合があります。本書は縦書きでレイアウトしています。ご覧になる機種により表示に差が生じることがあります。

※本刊行物は、電子書籍版に基づいてプリントオンデマンド版として作成されたものです。